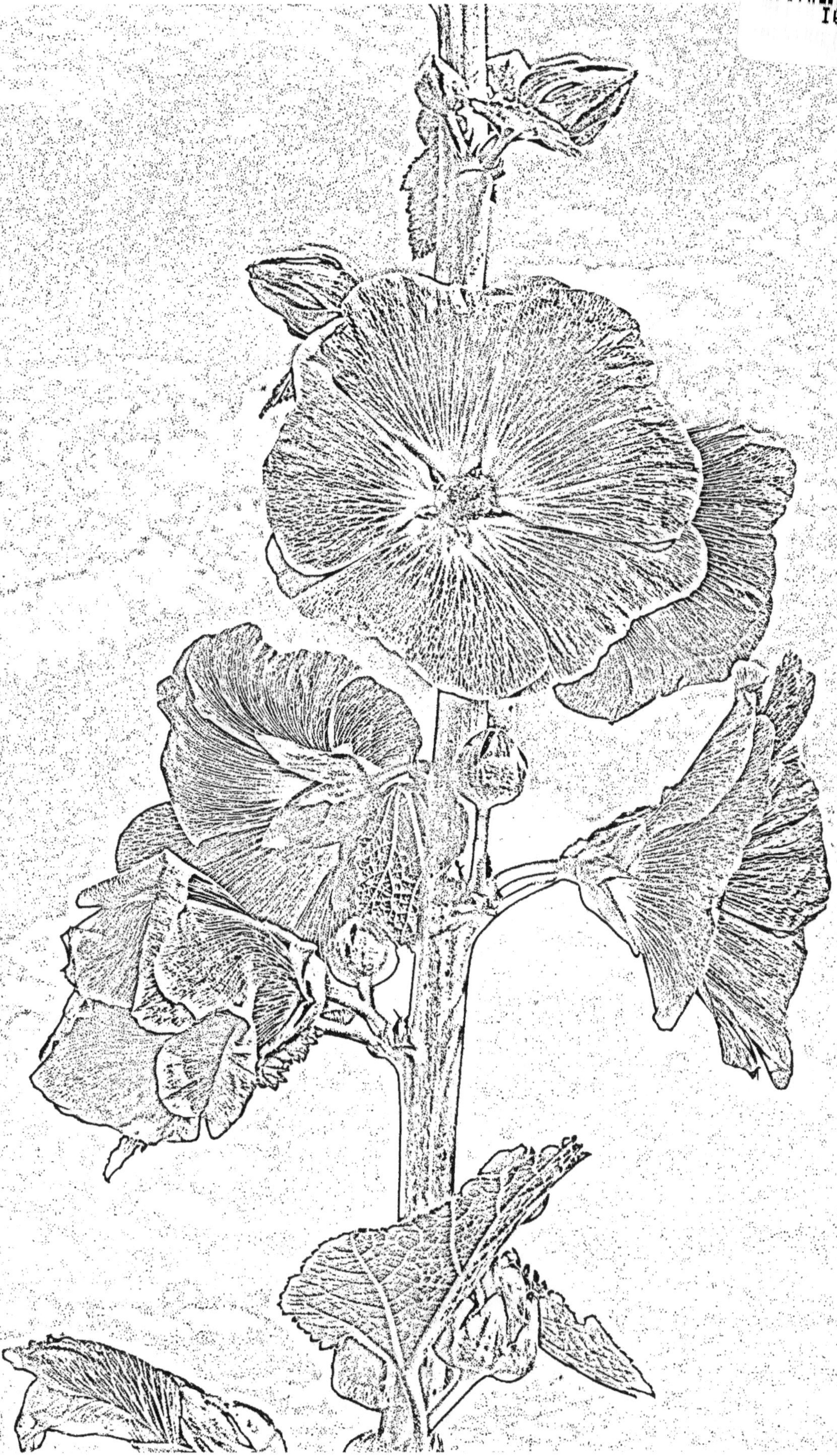

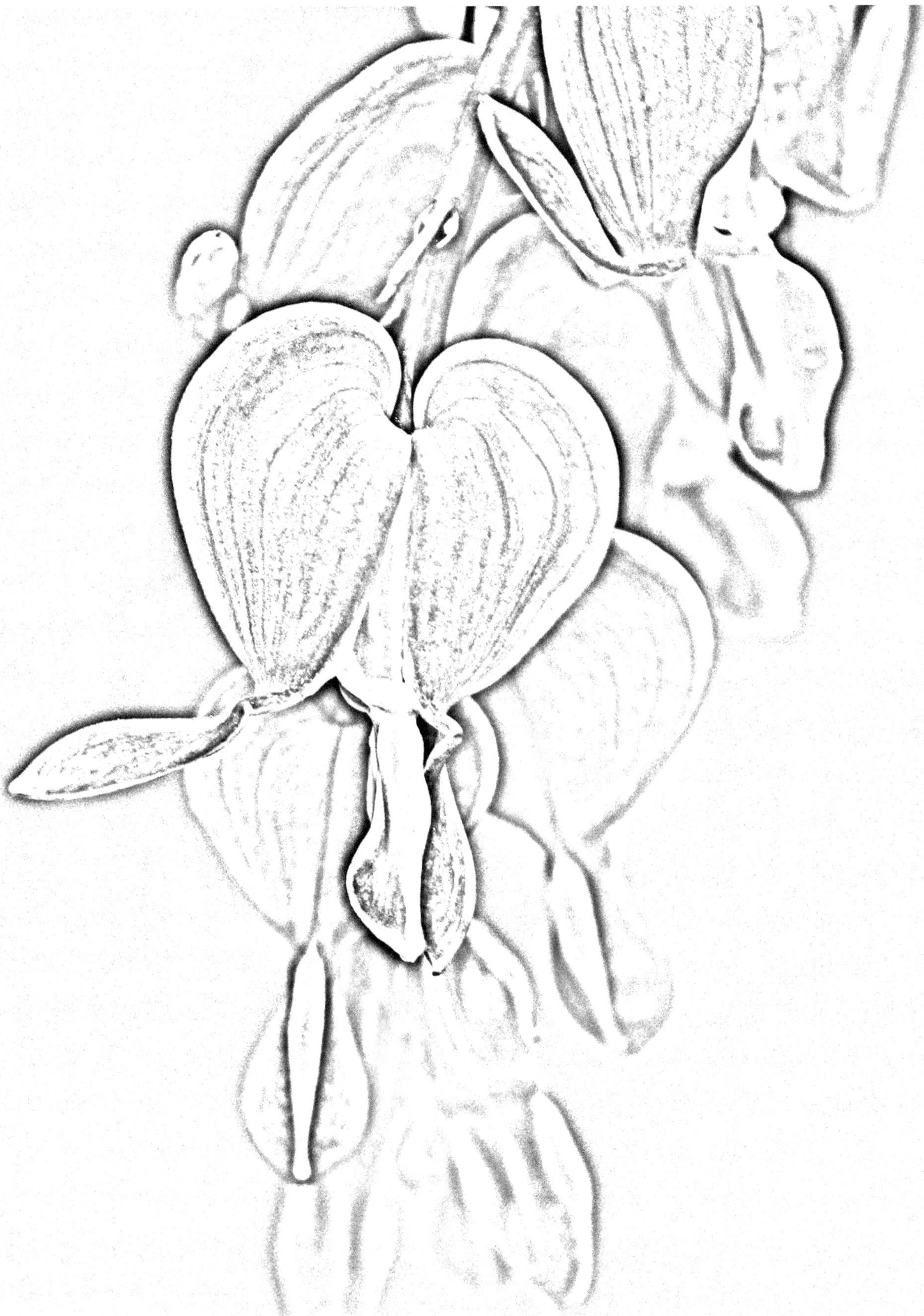

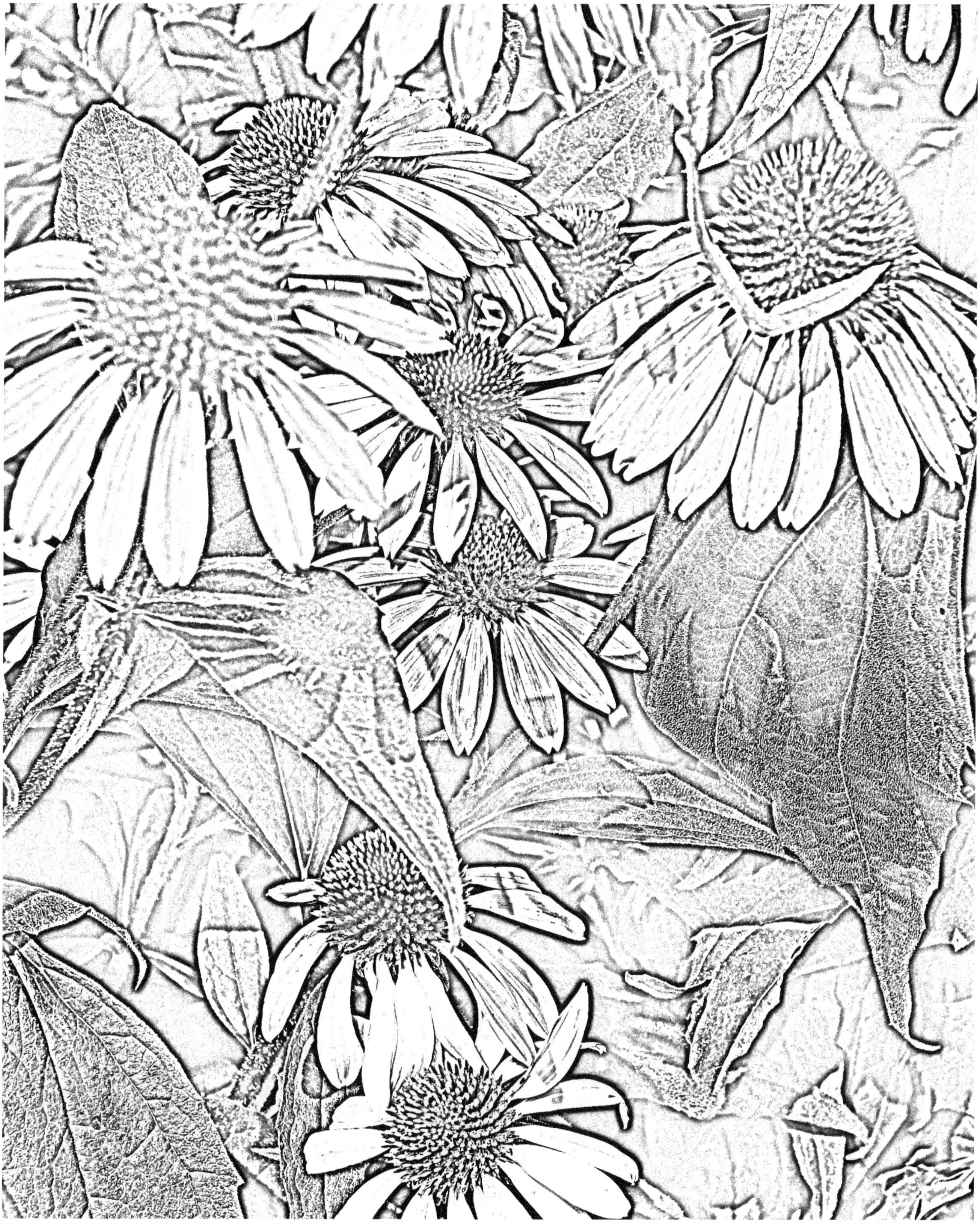

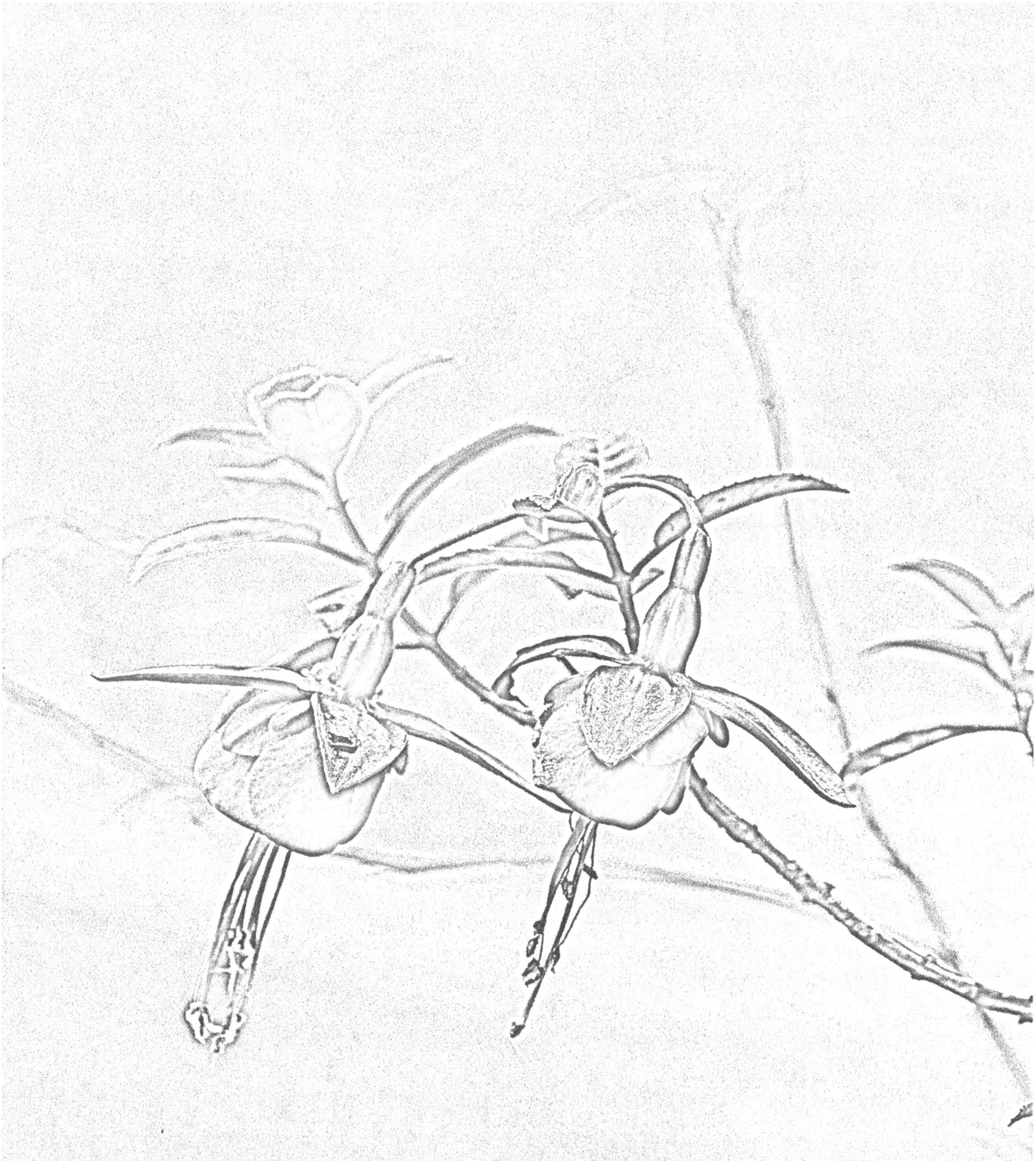

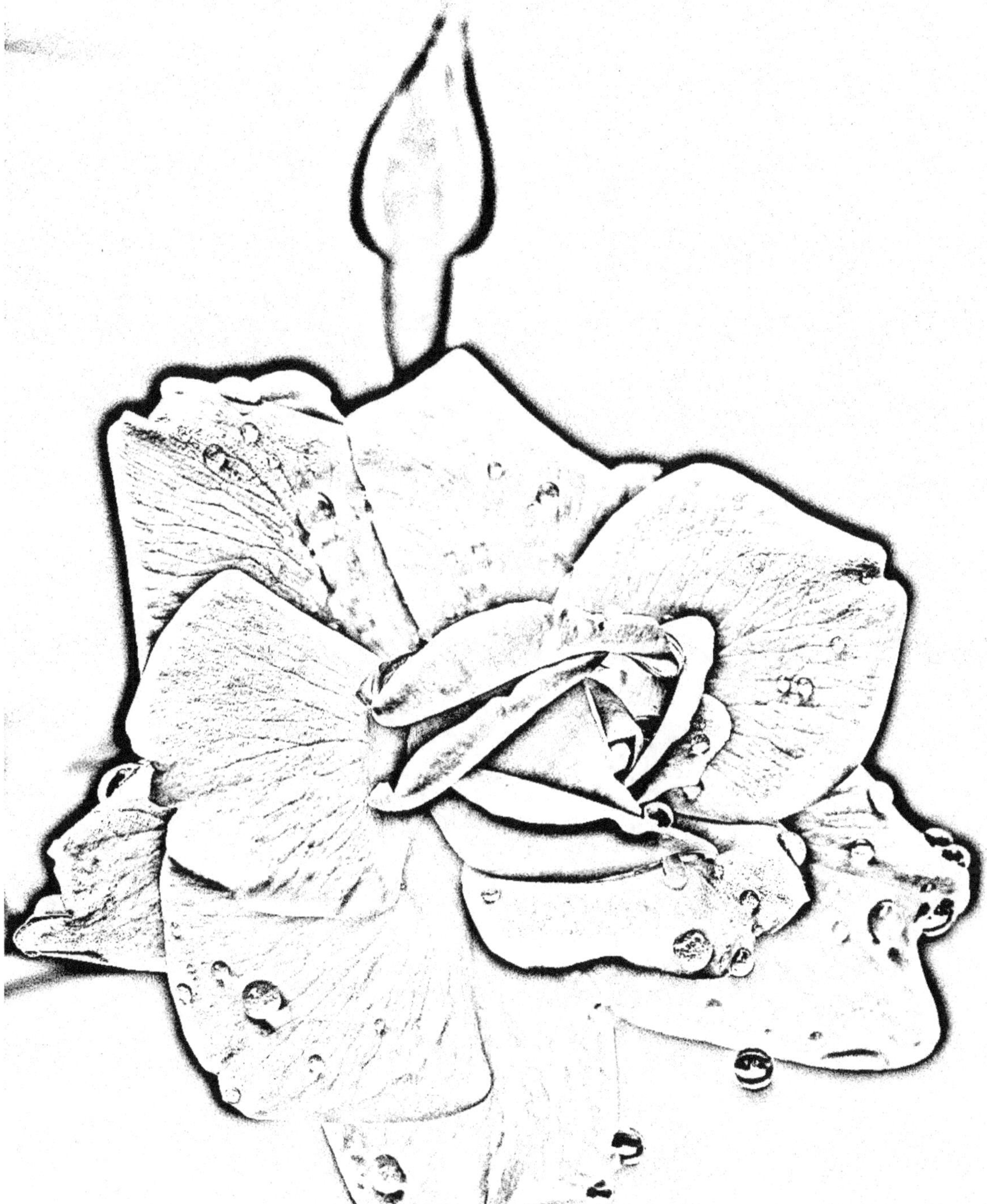

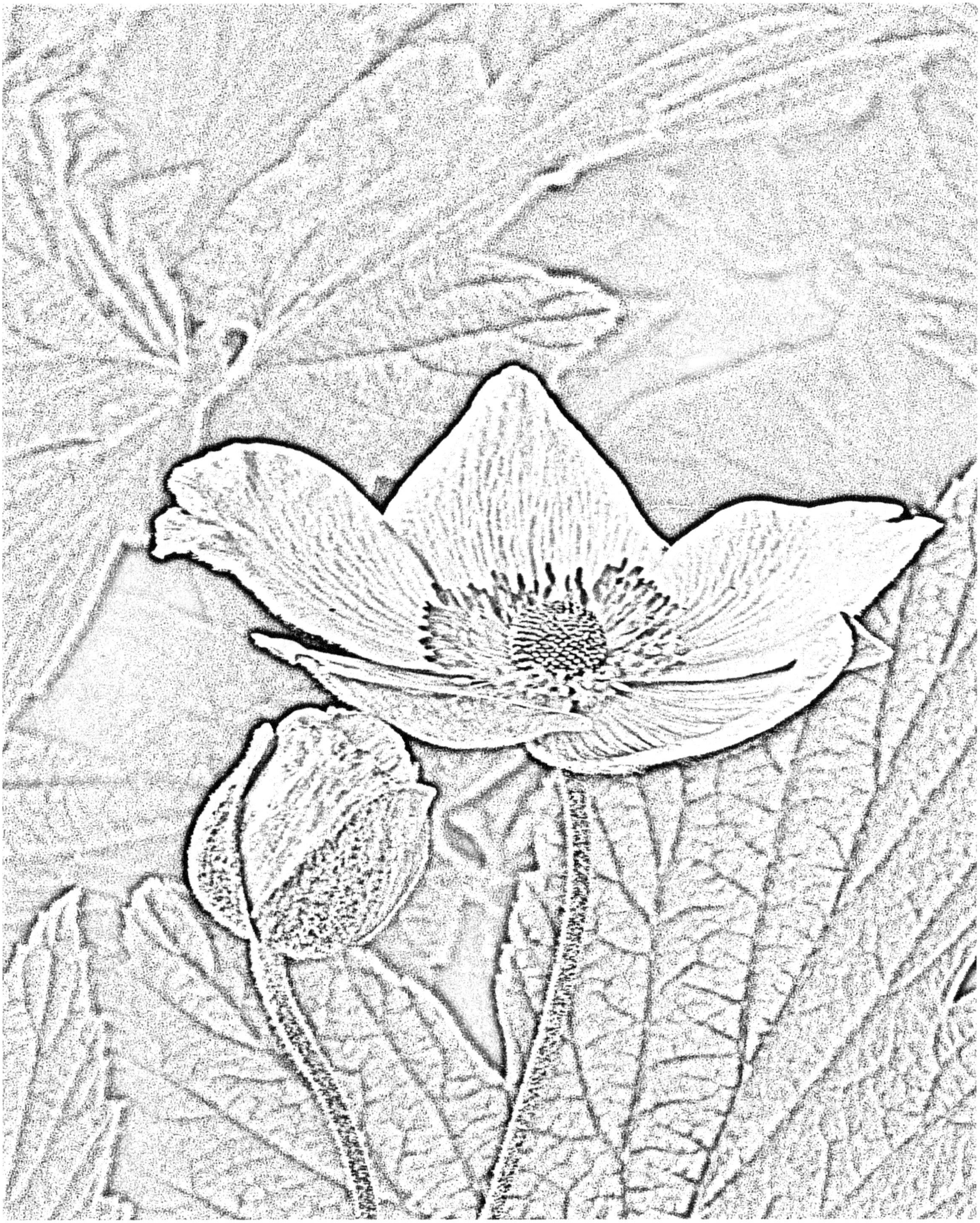

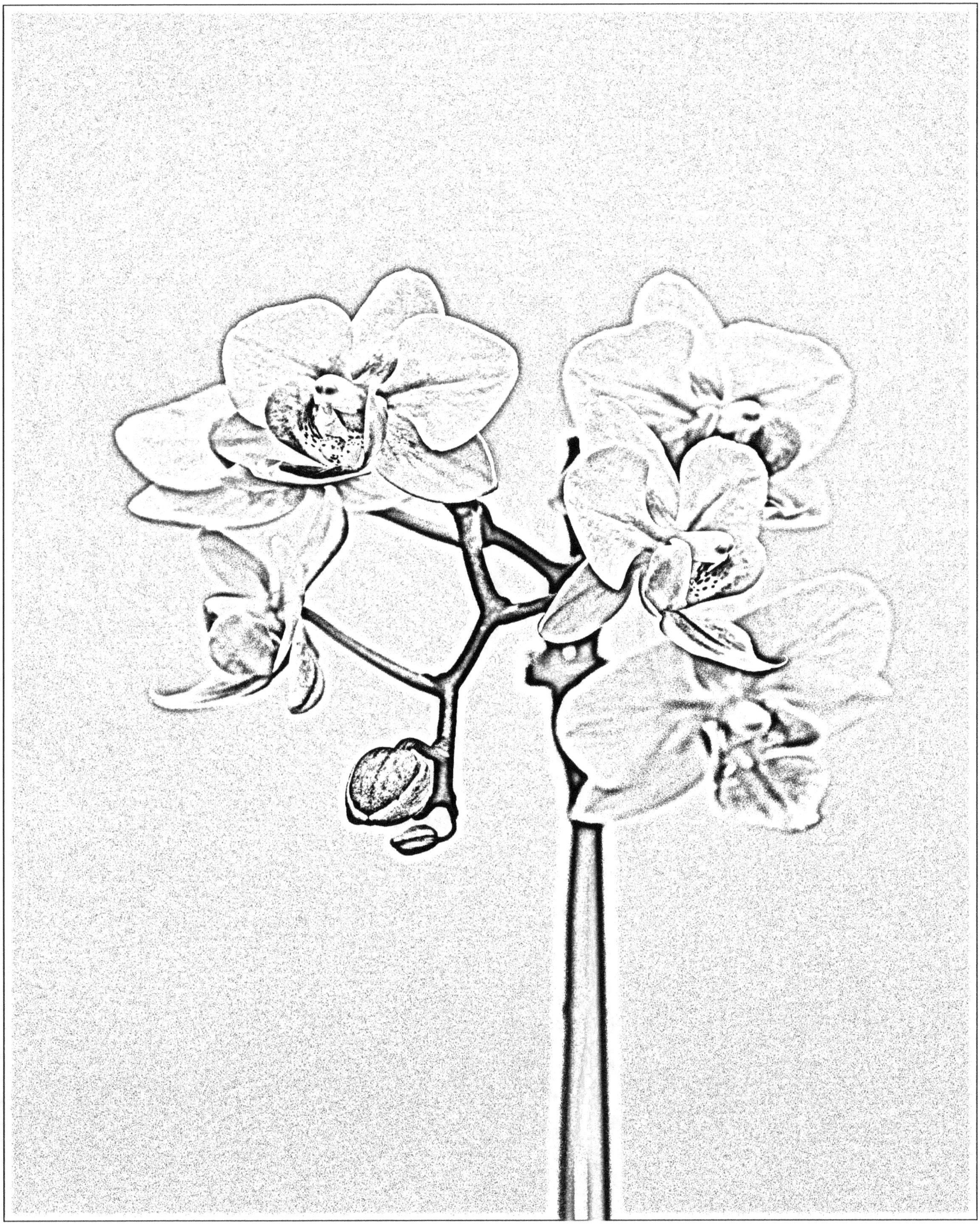

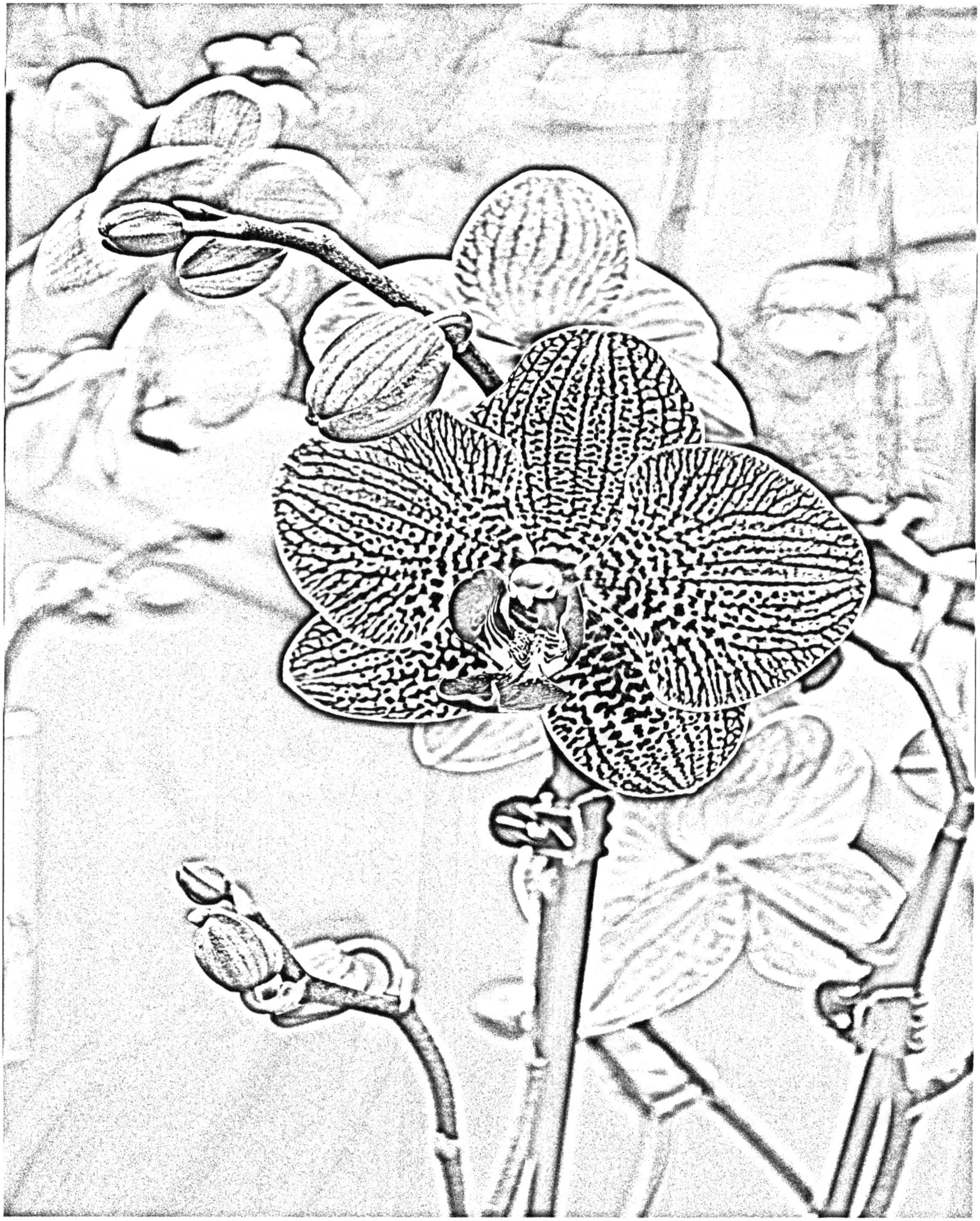

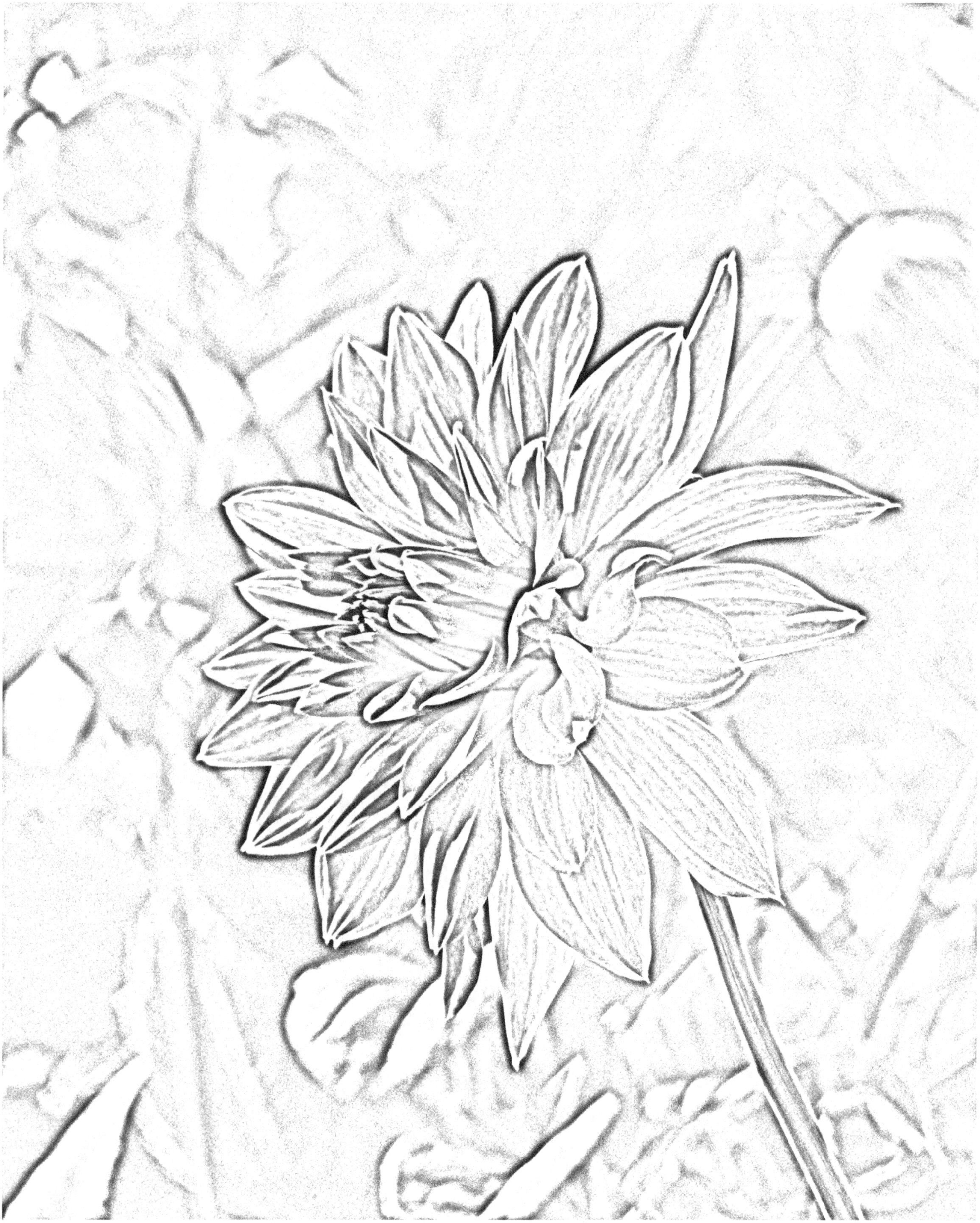

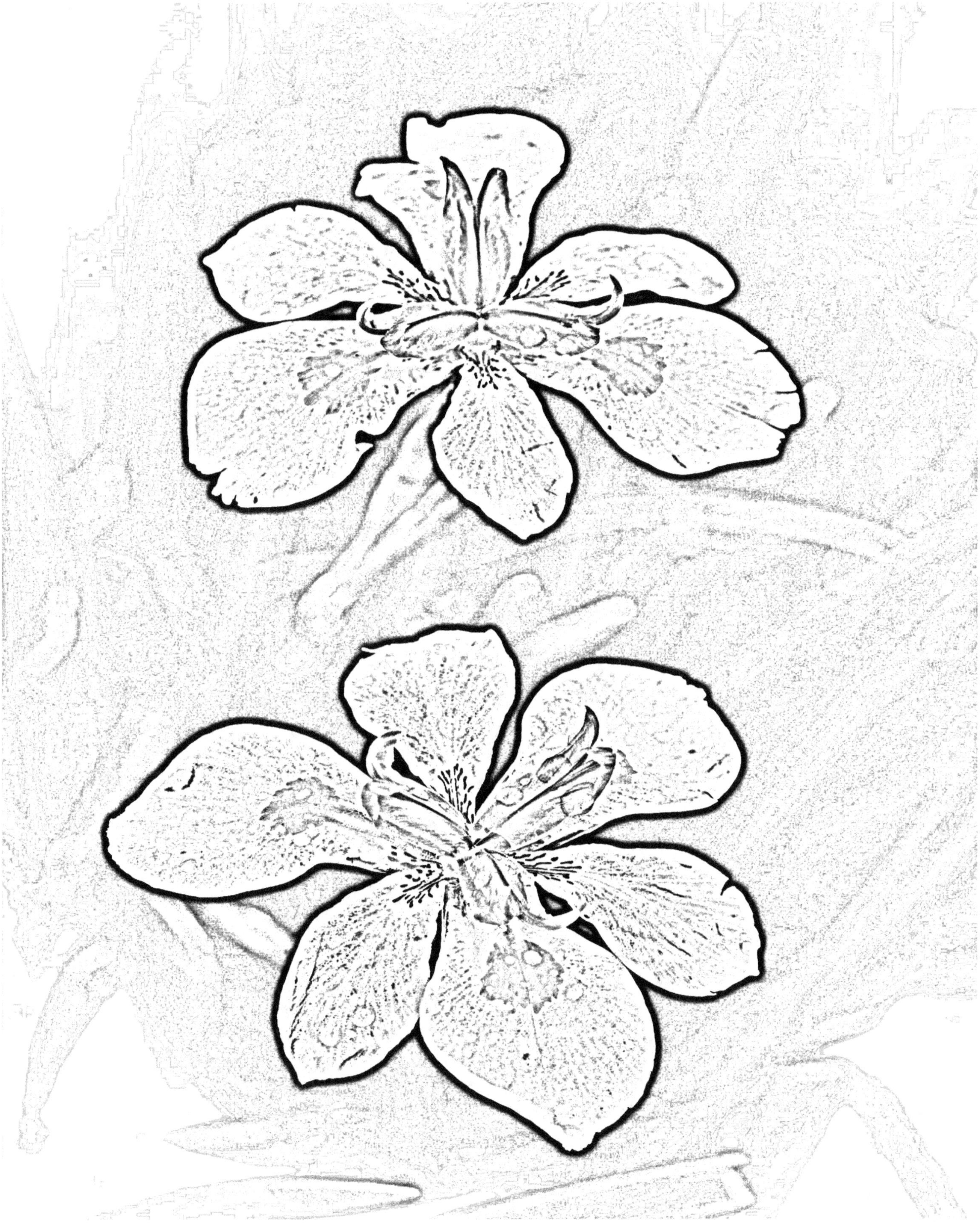

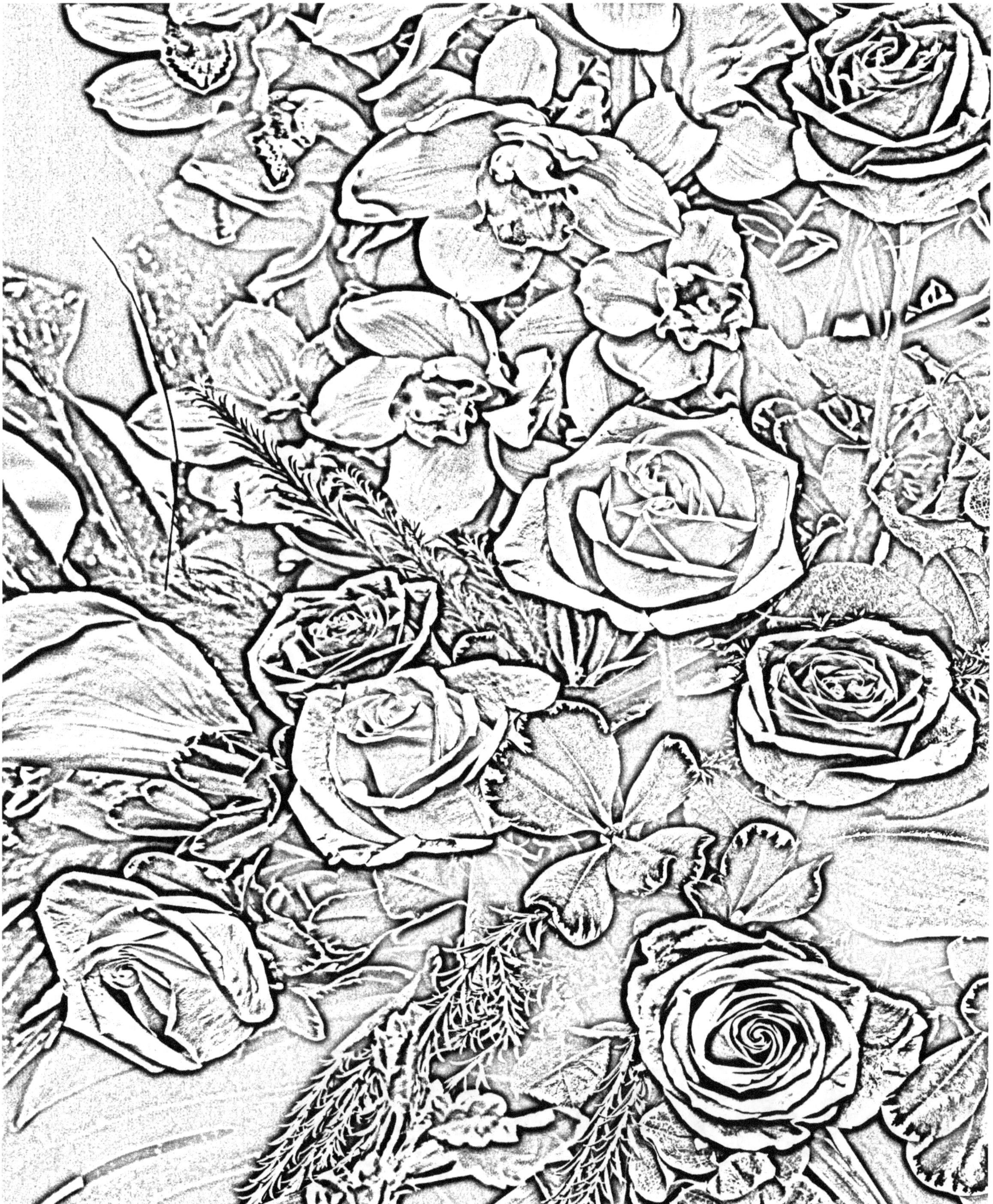

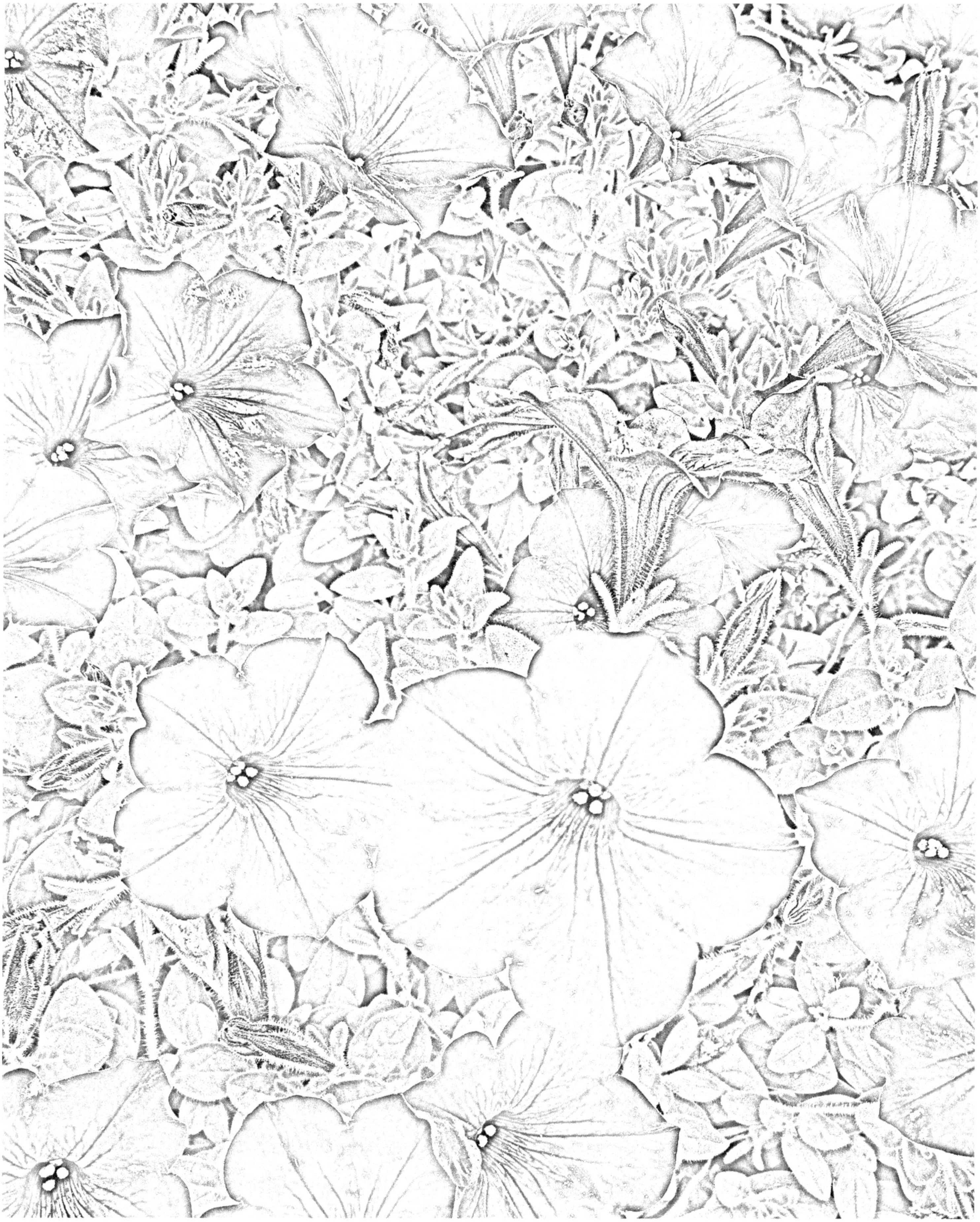

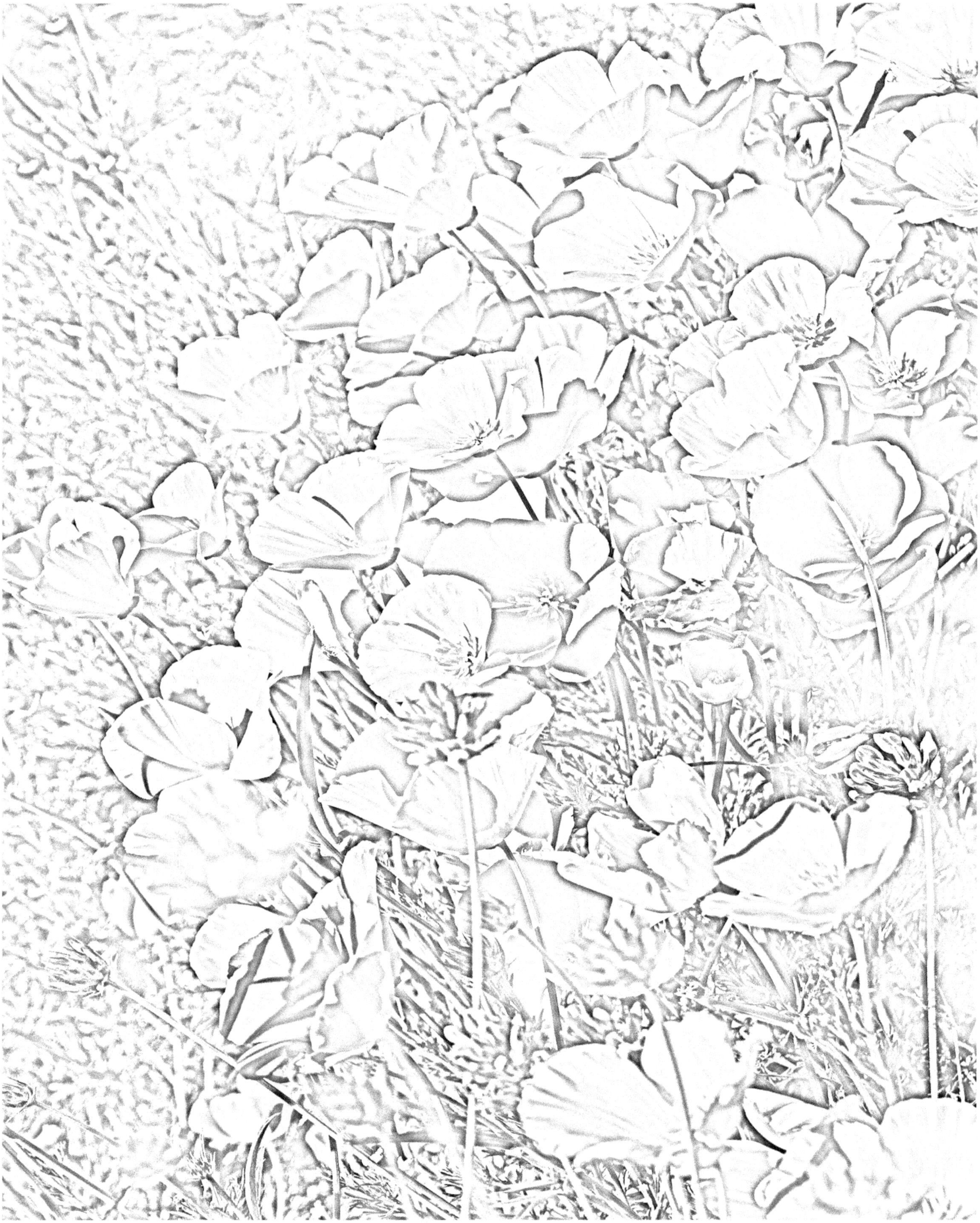

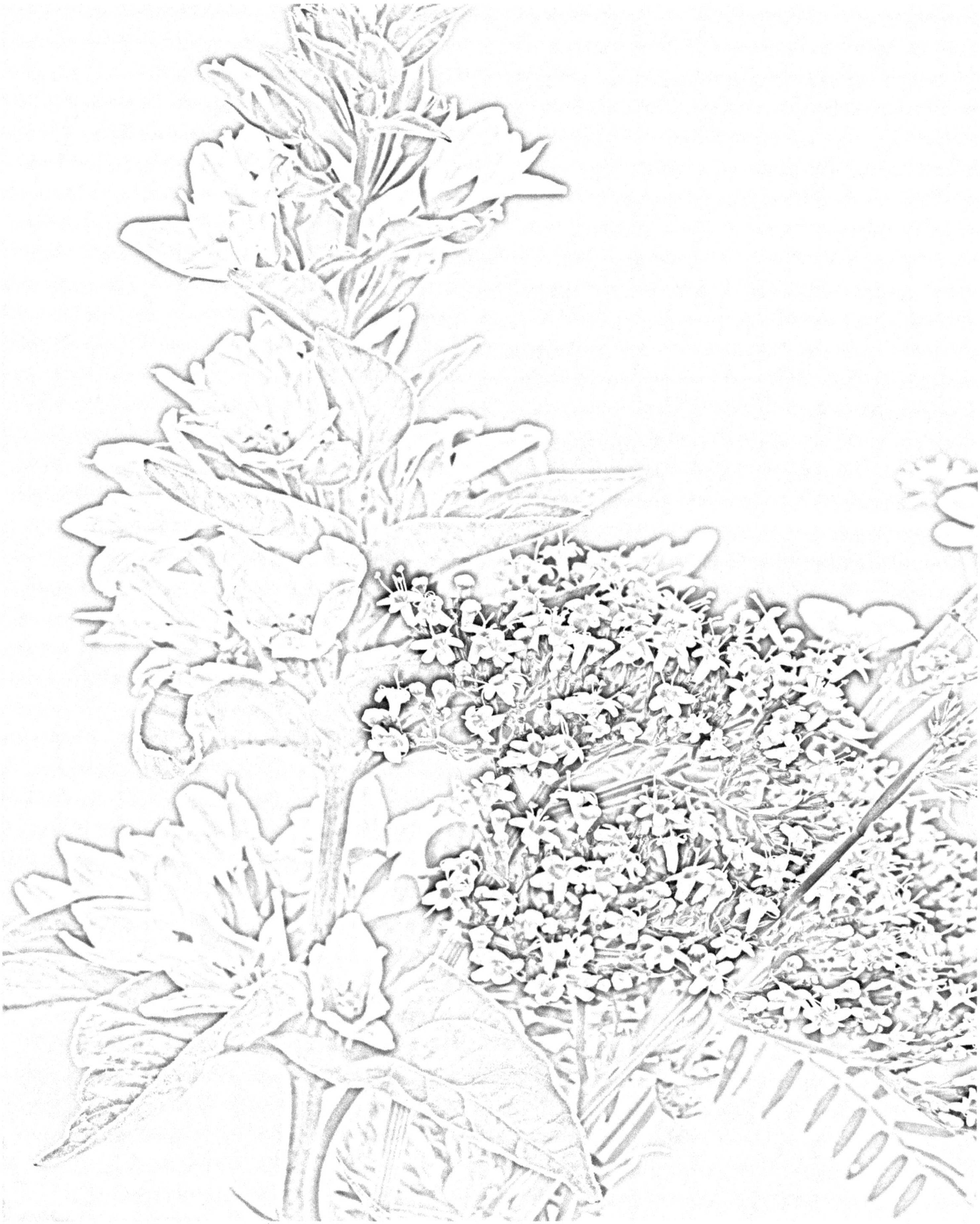

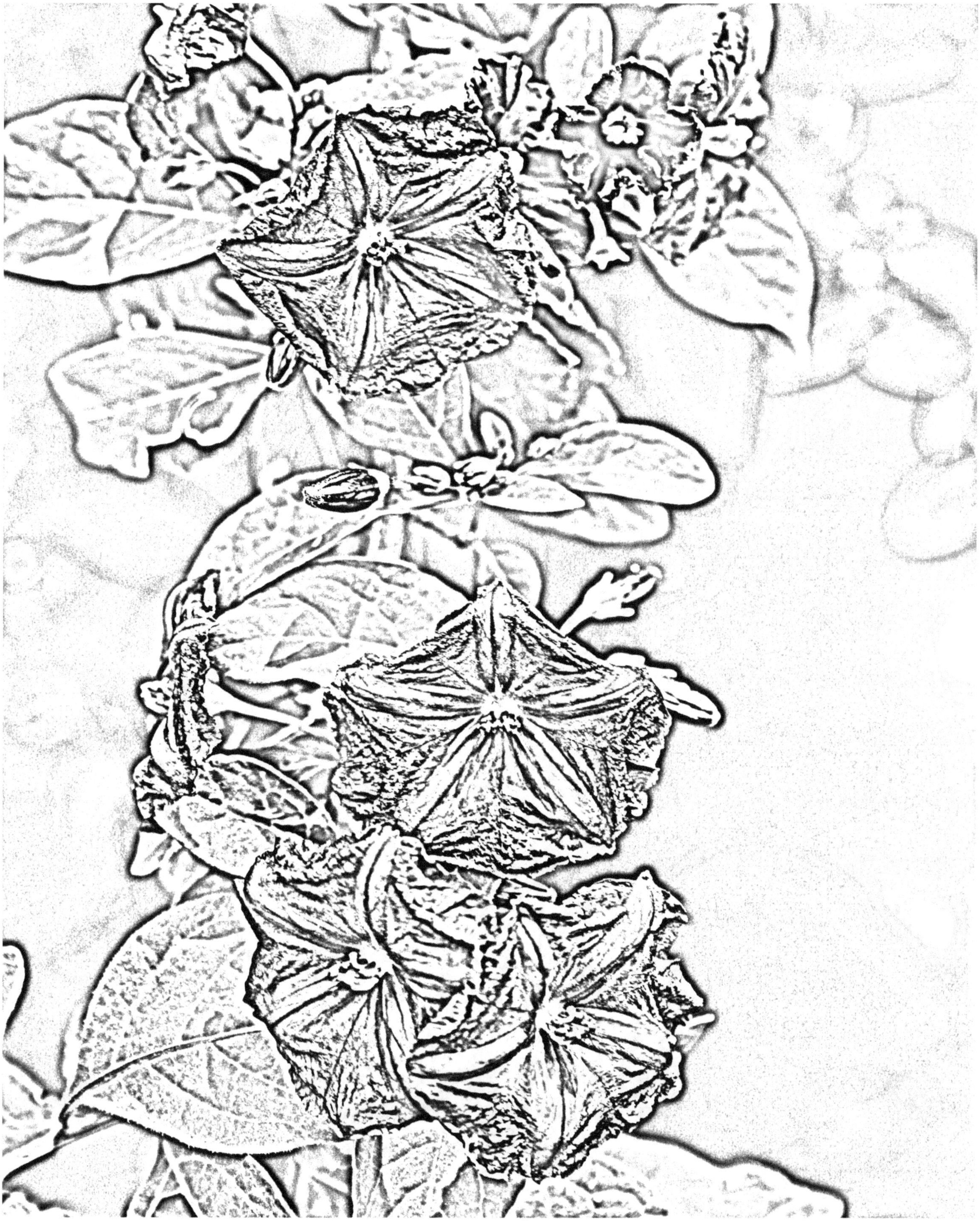

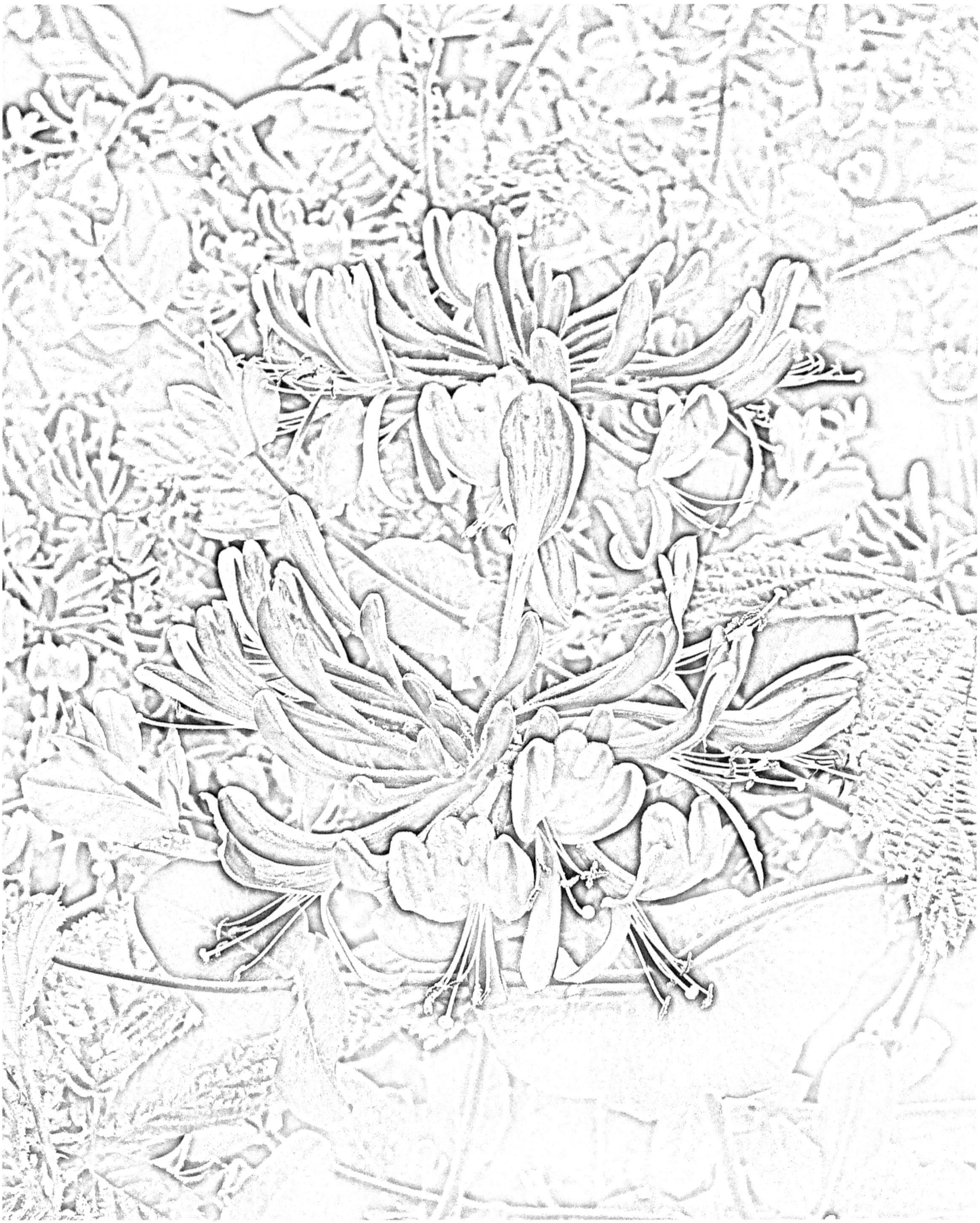

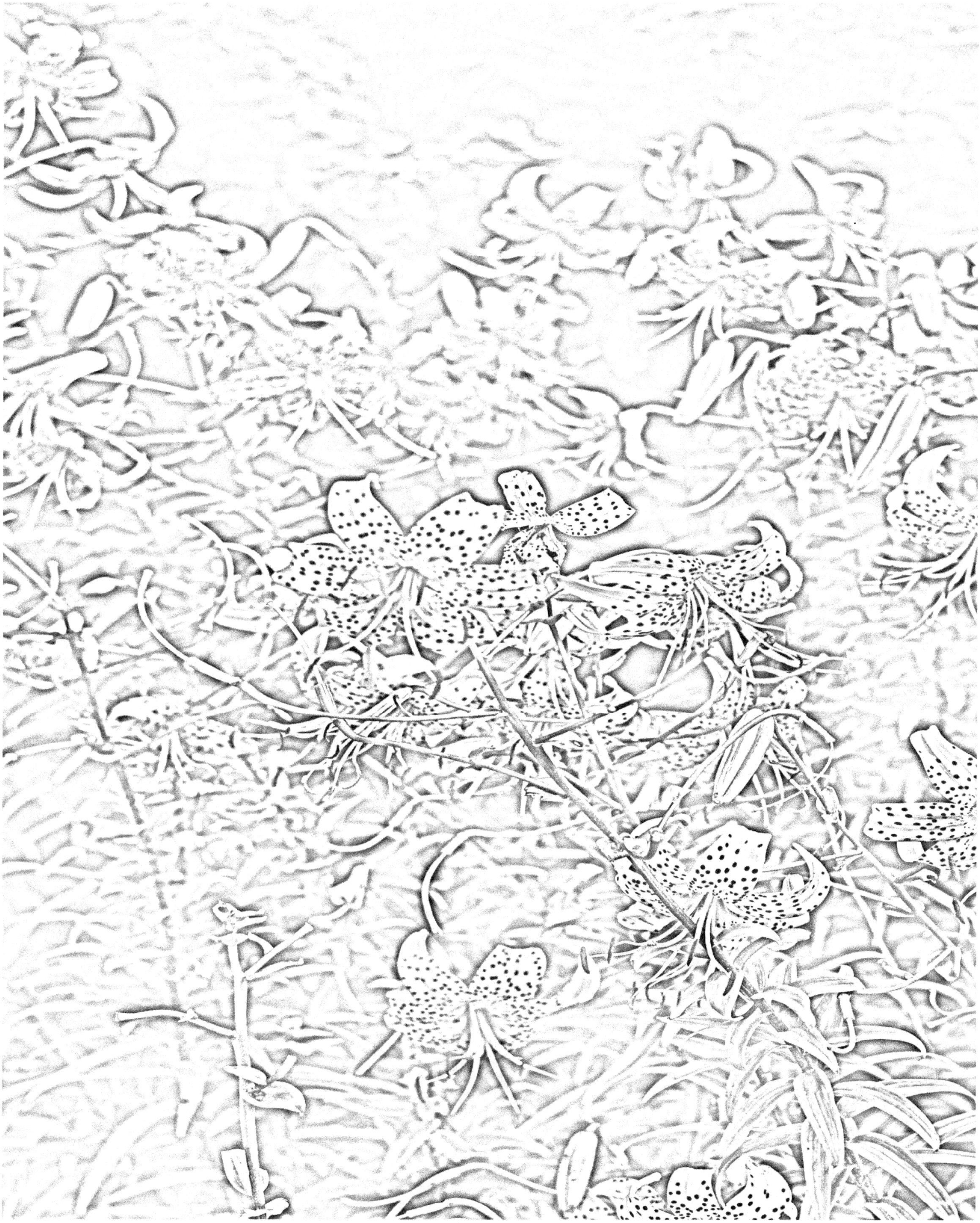

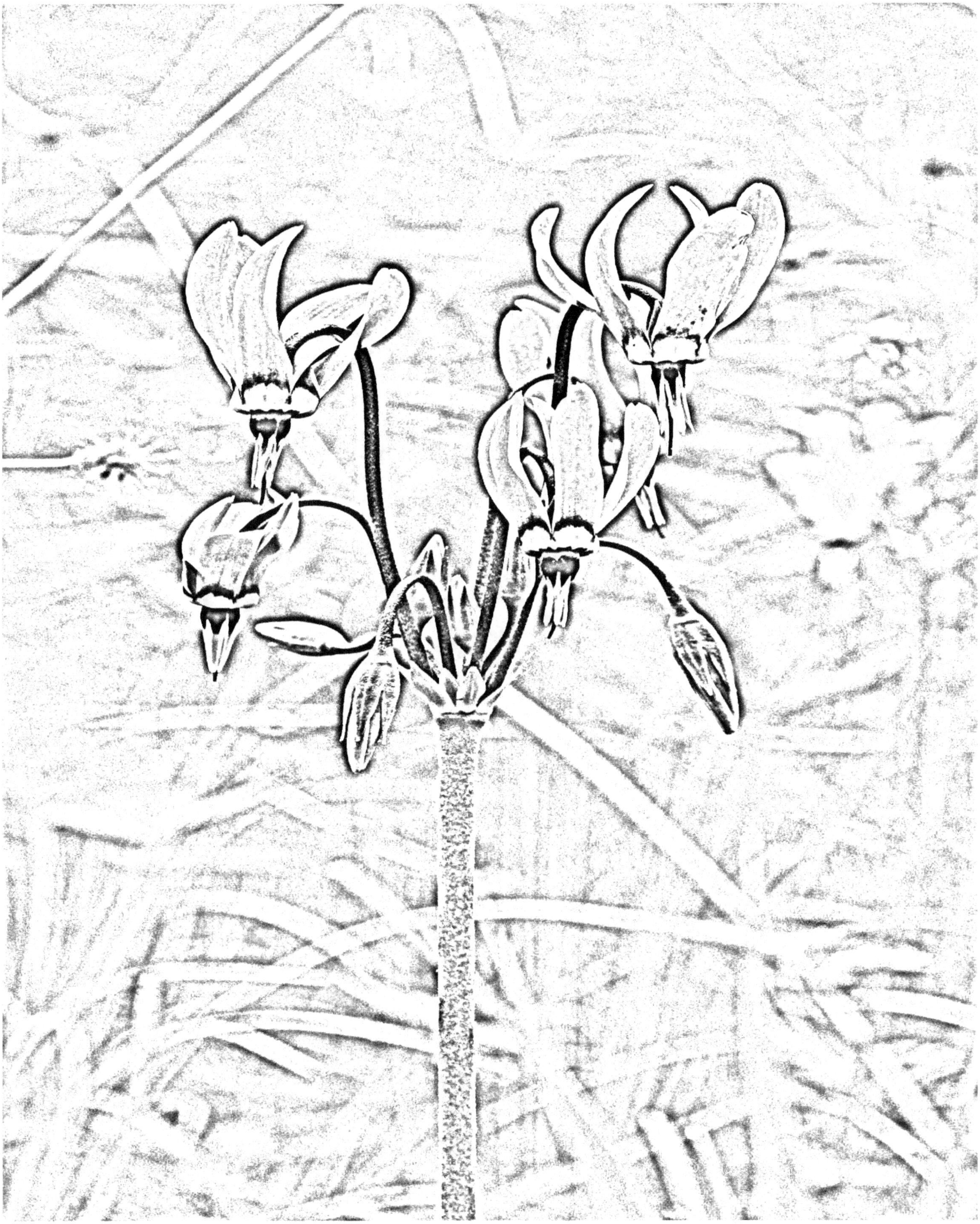

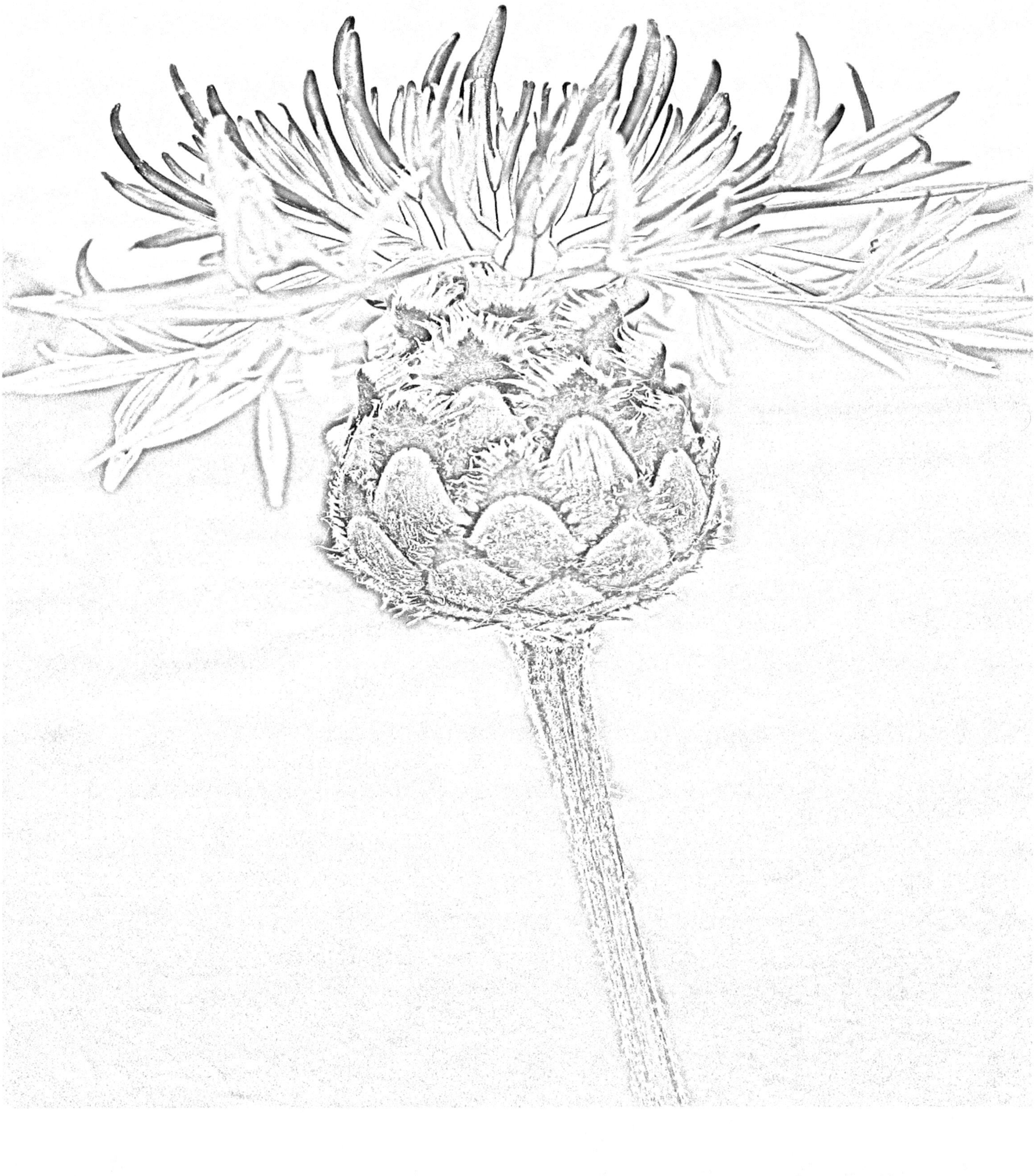

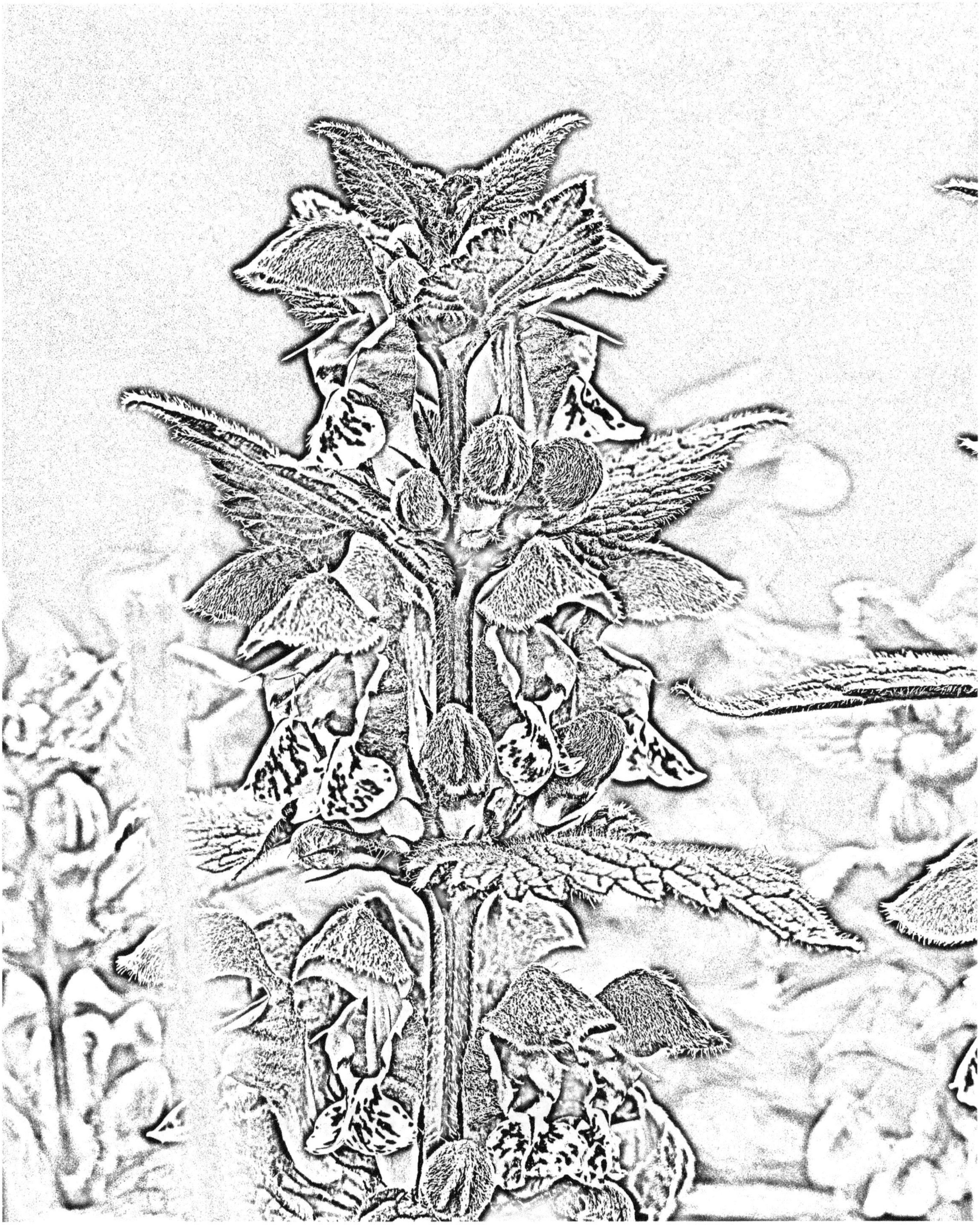

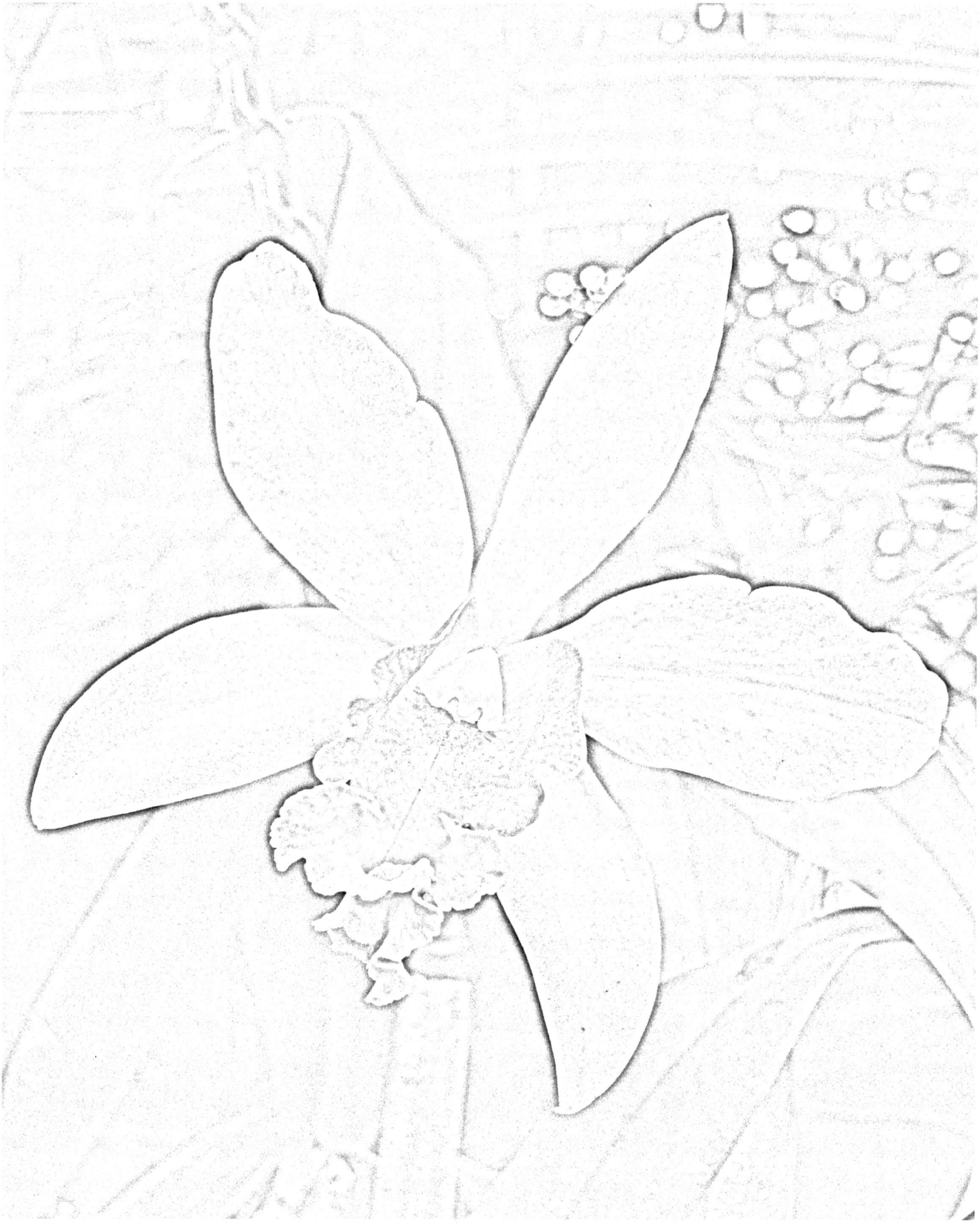

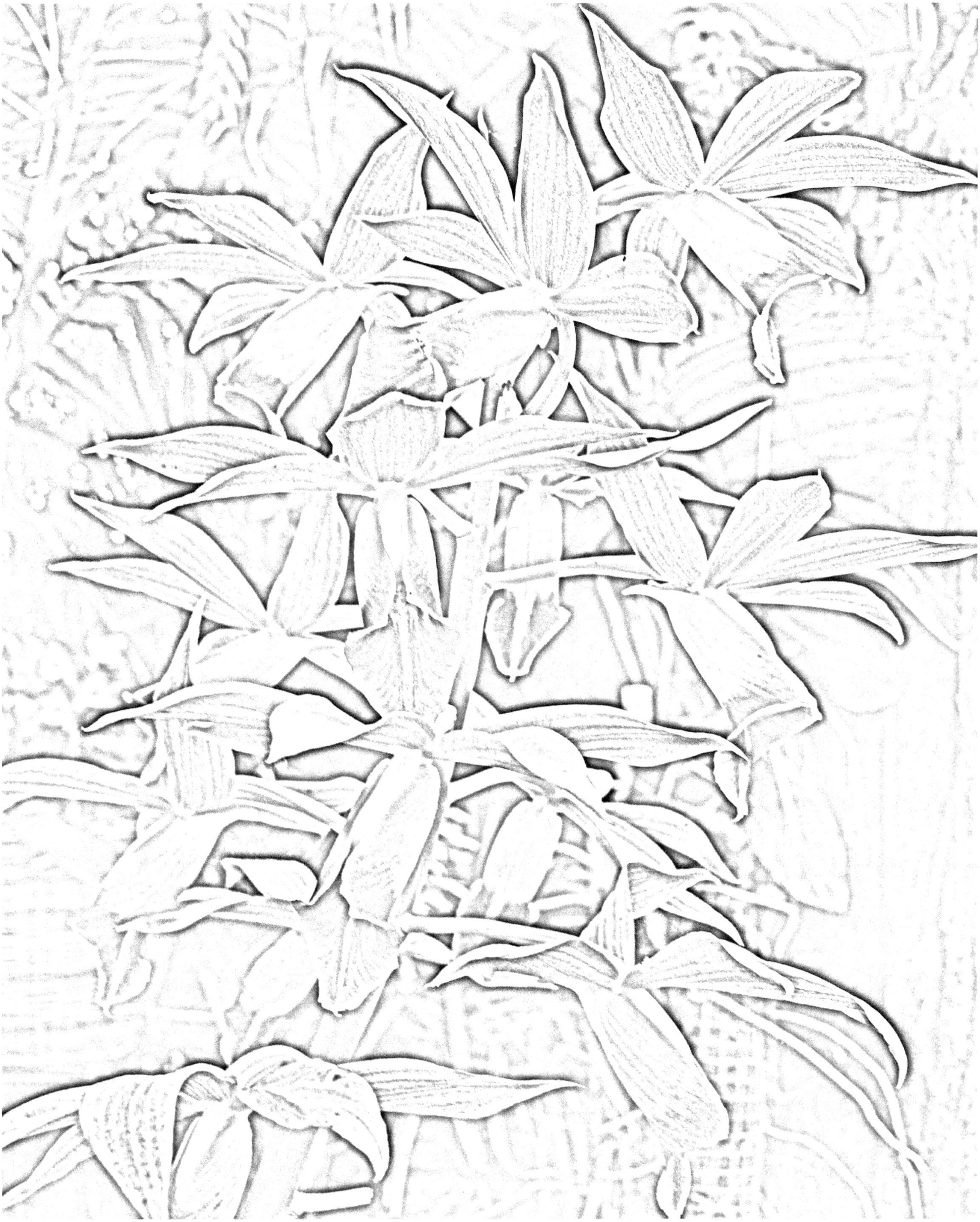

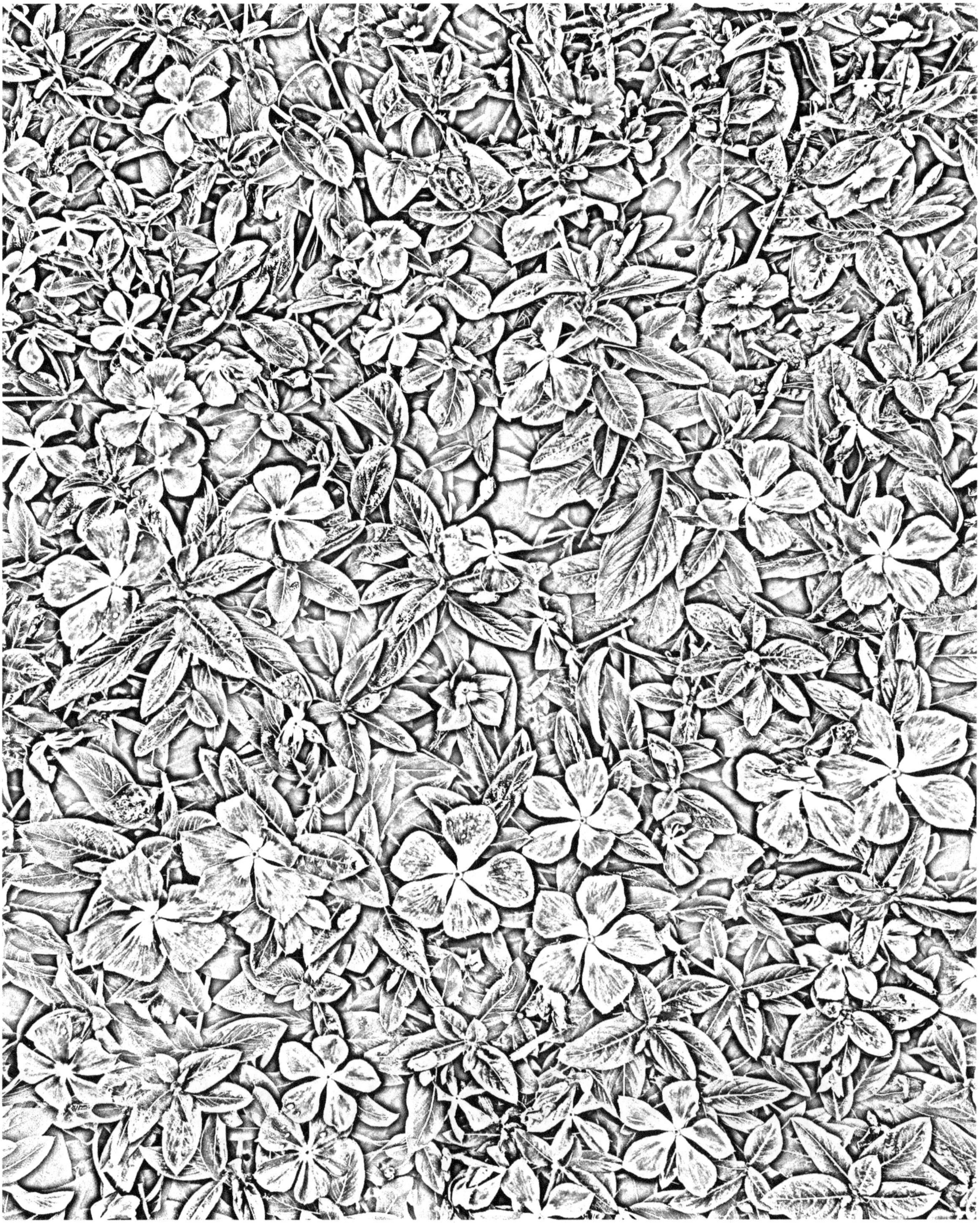

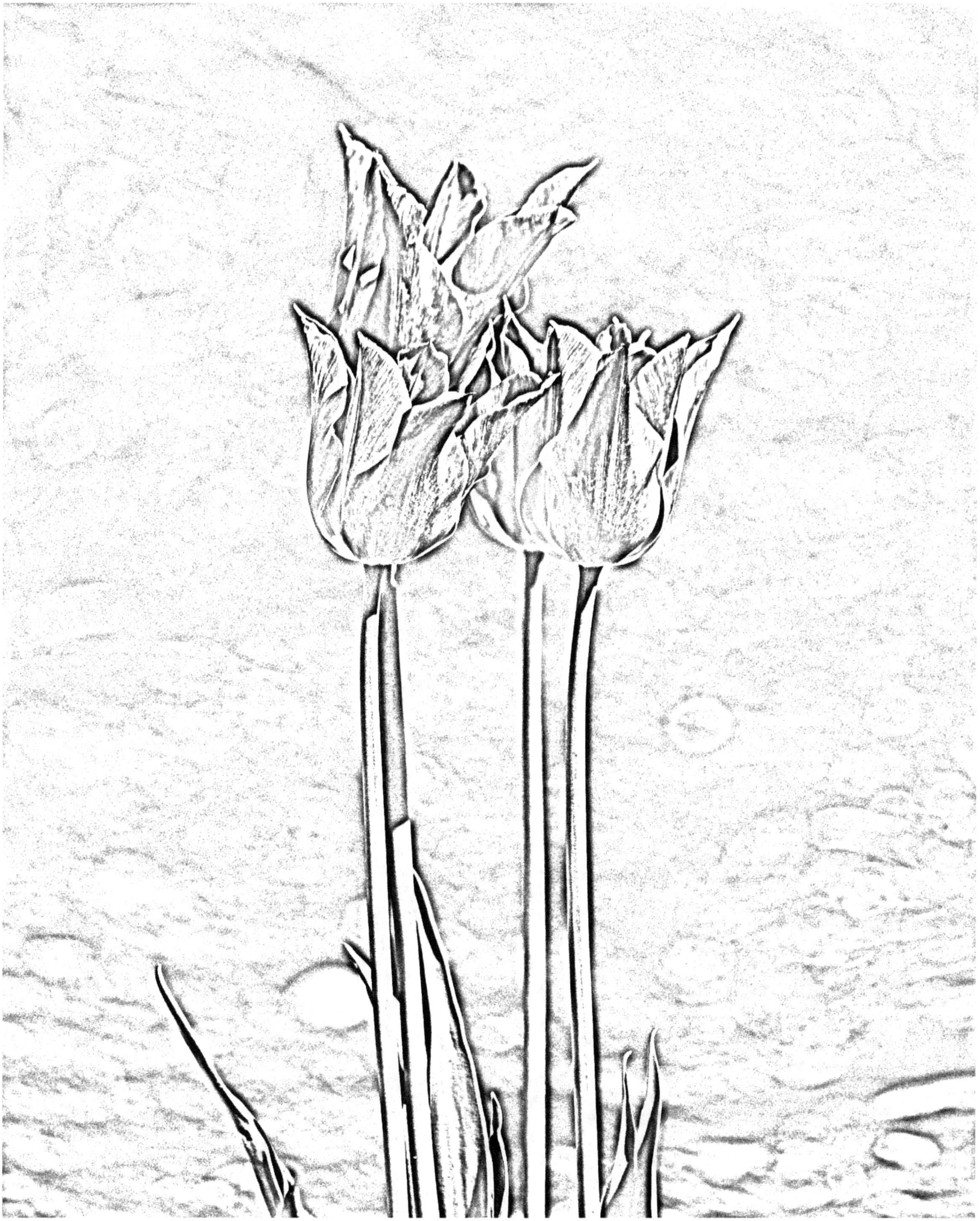

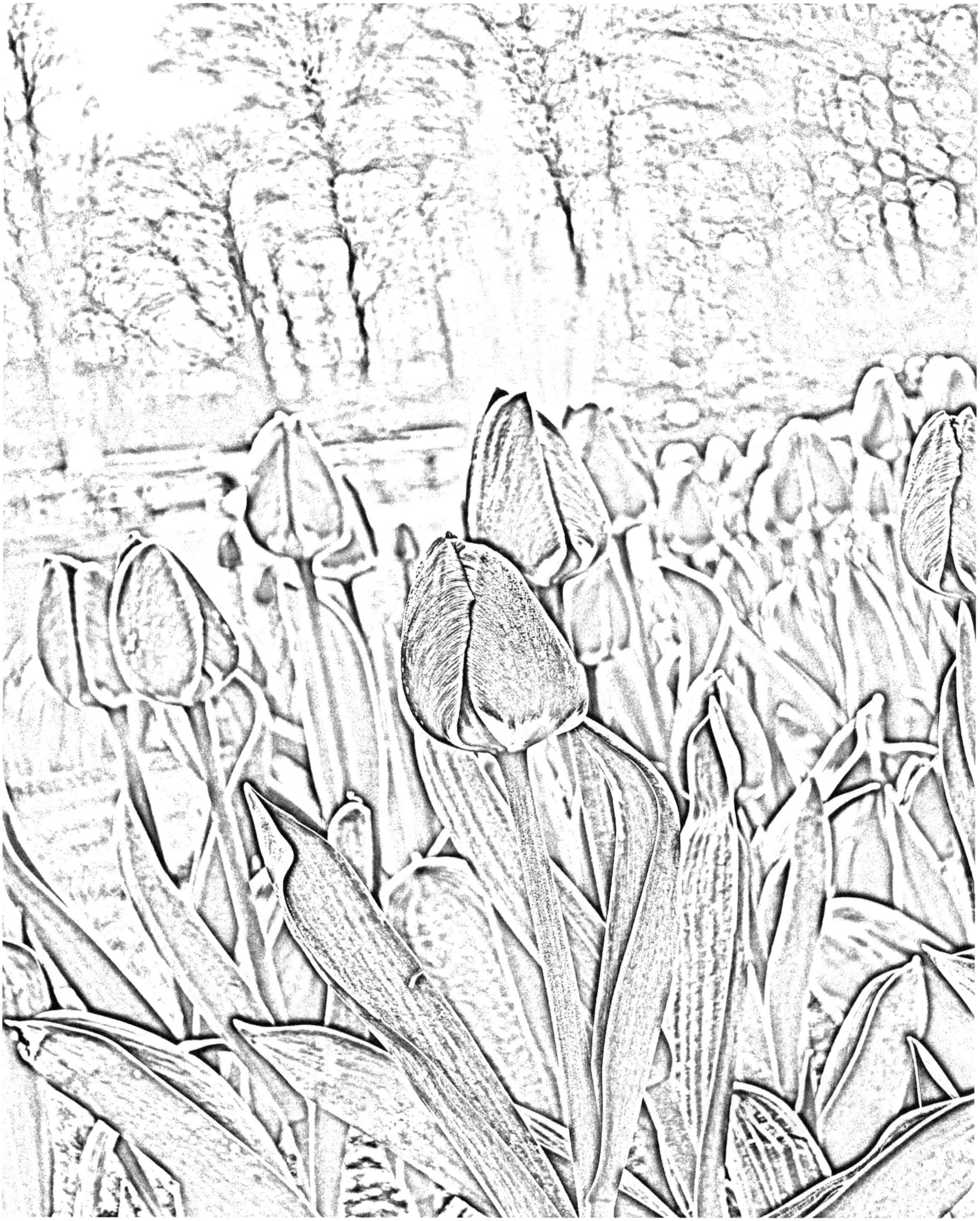

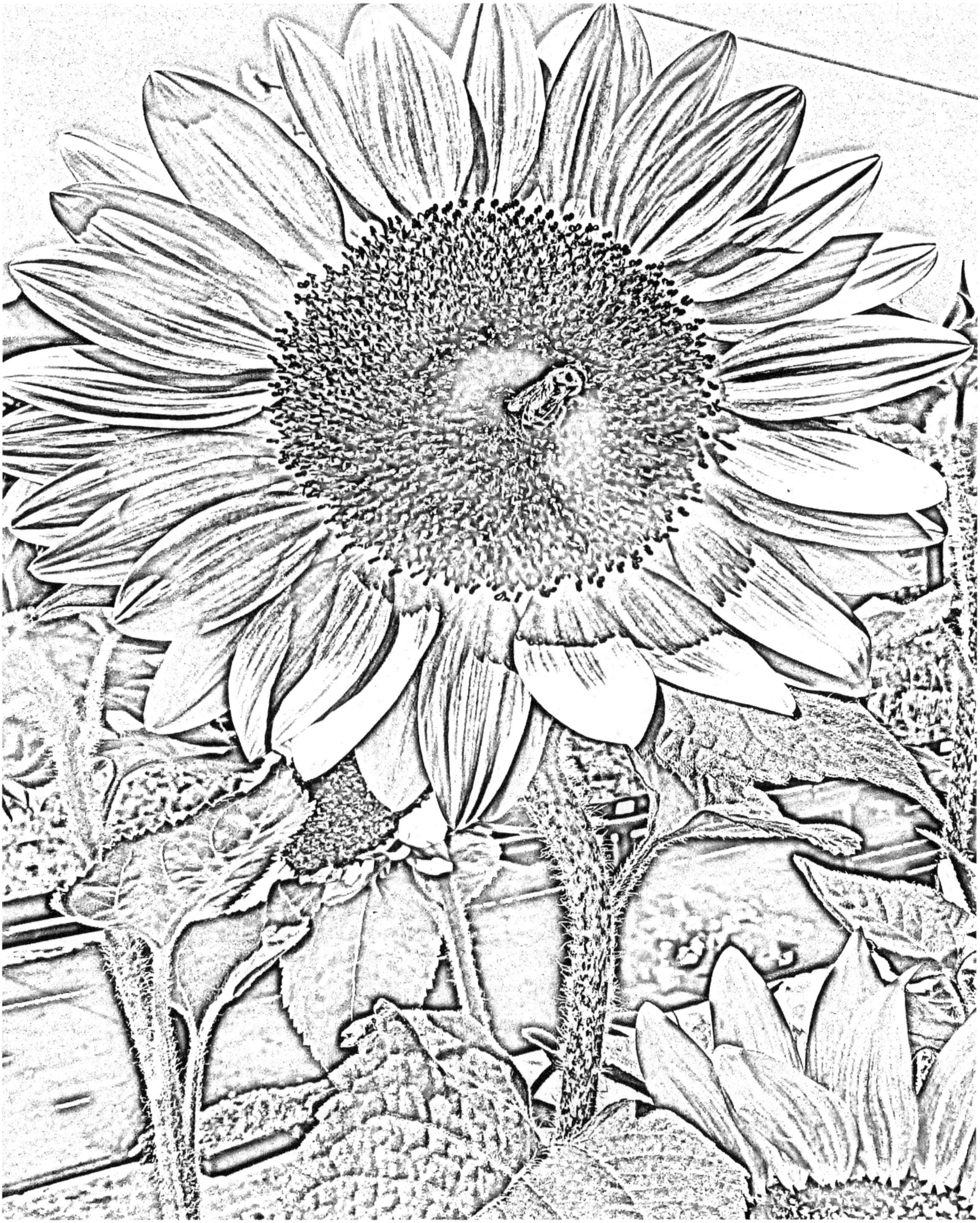

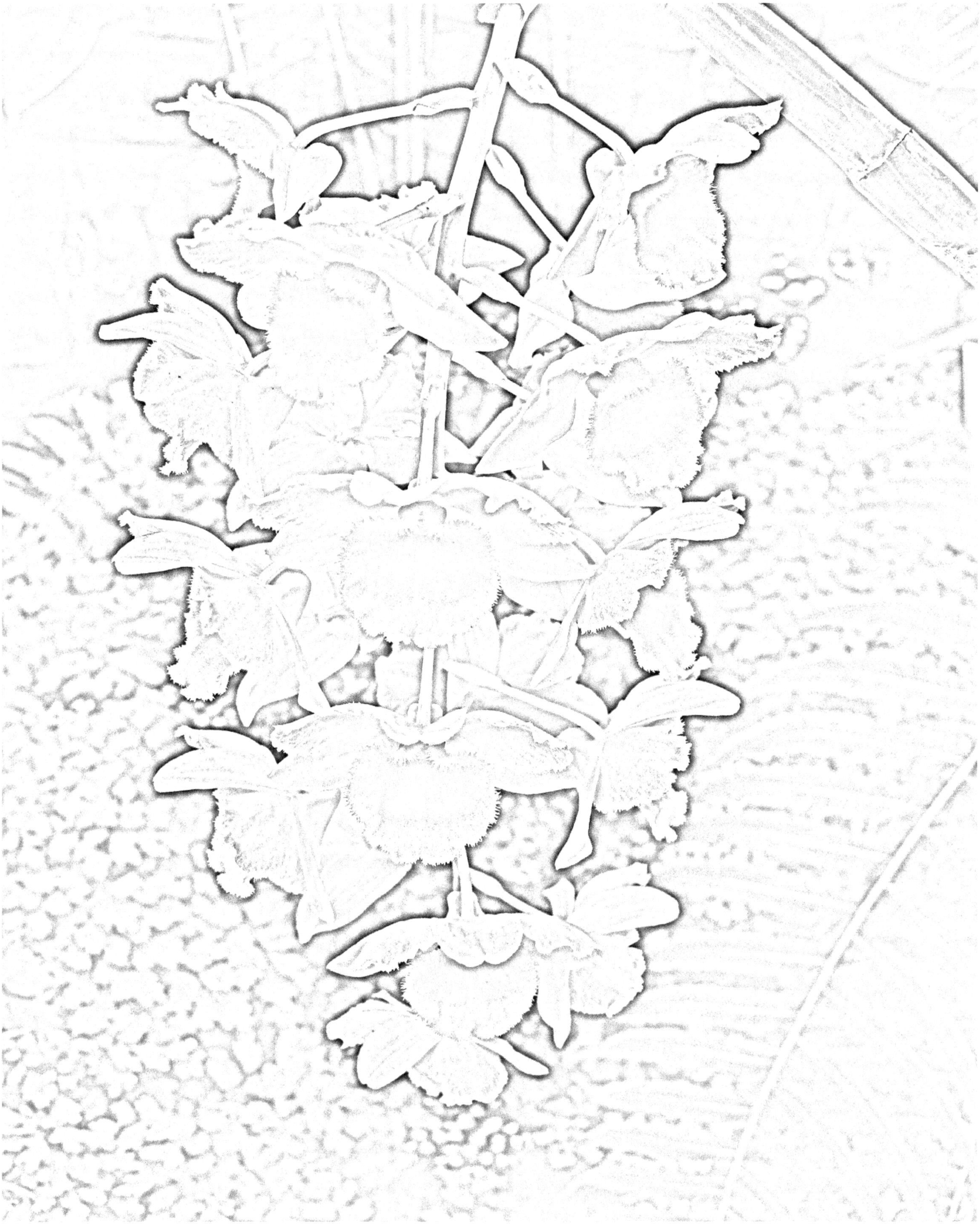

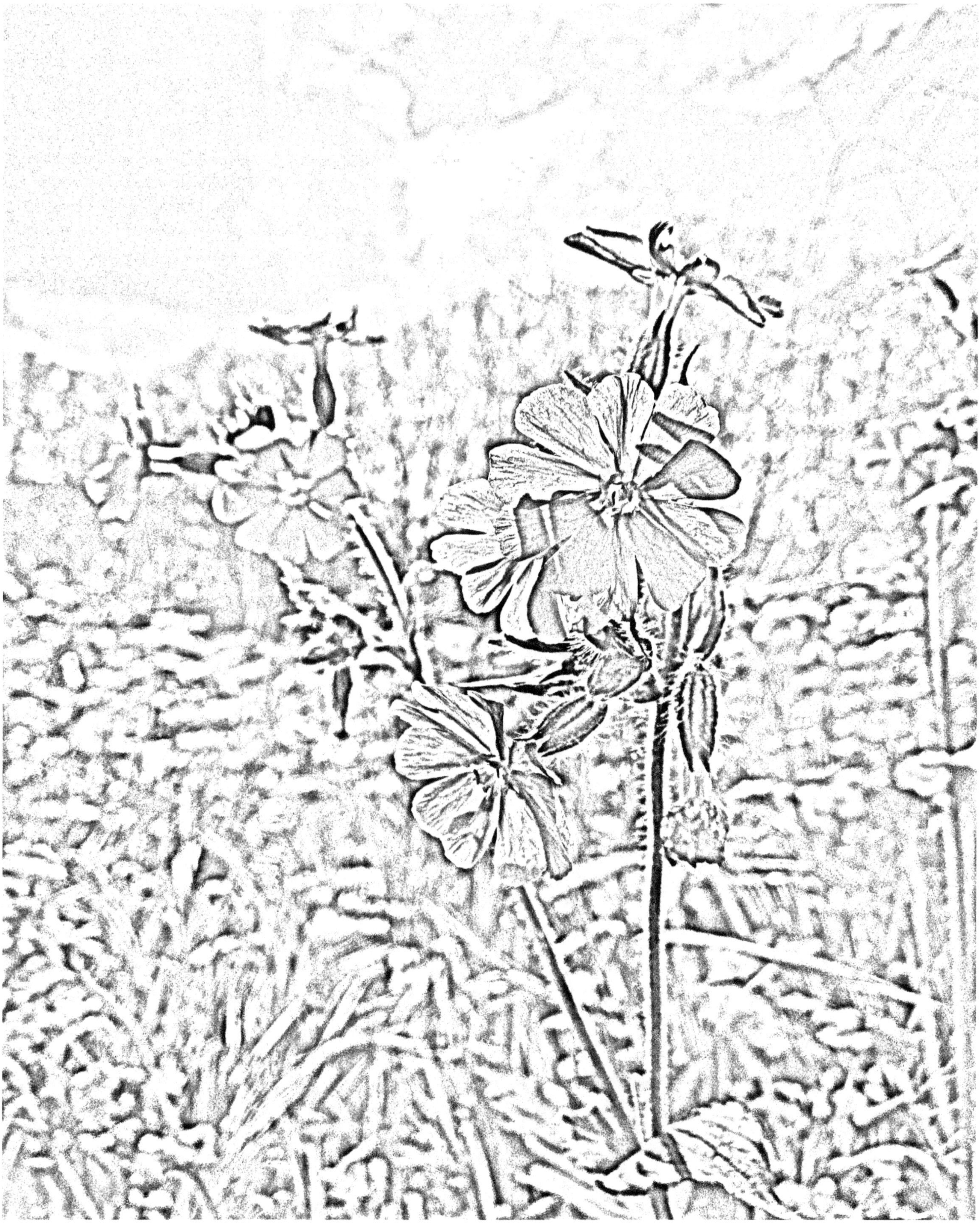

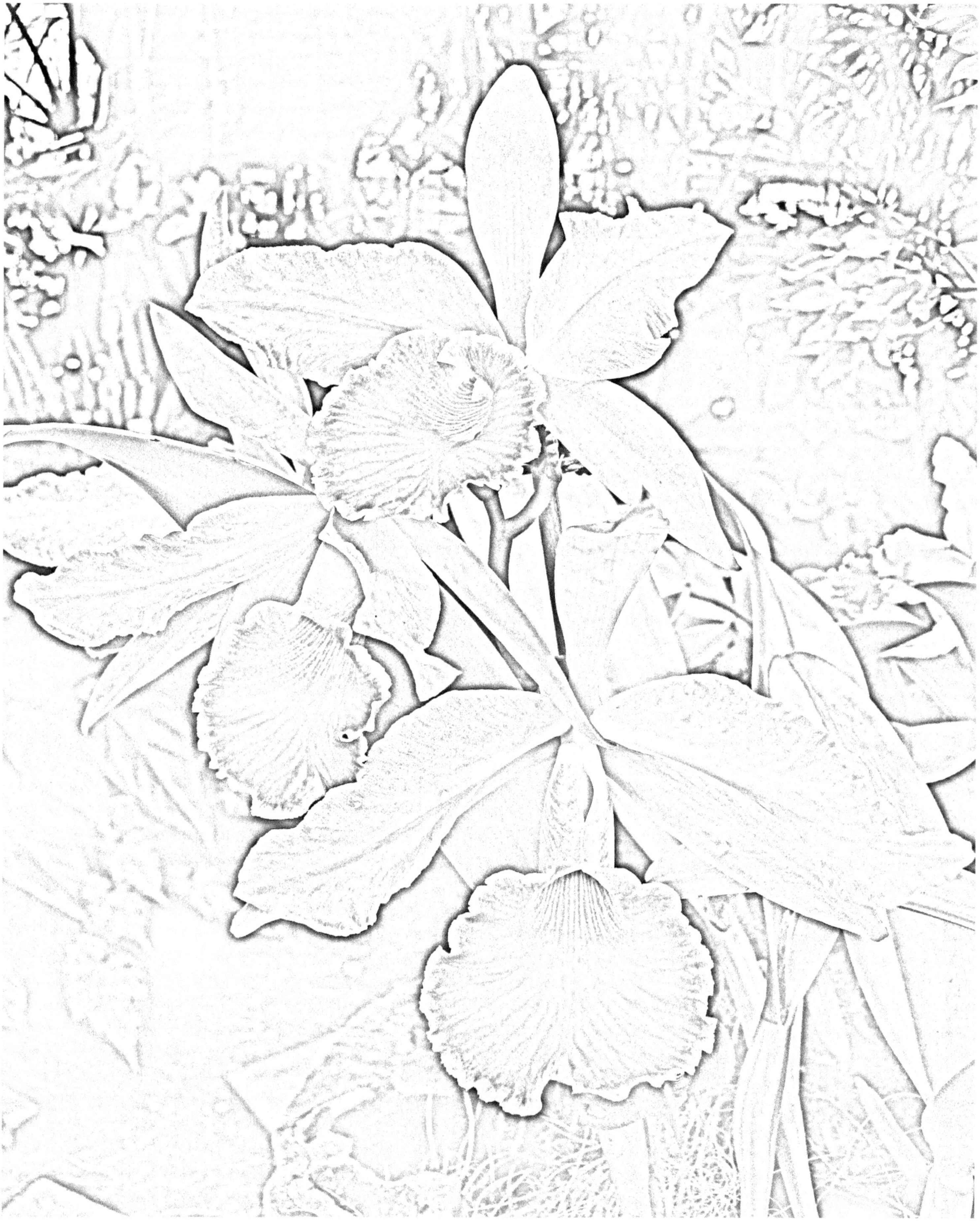

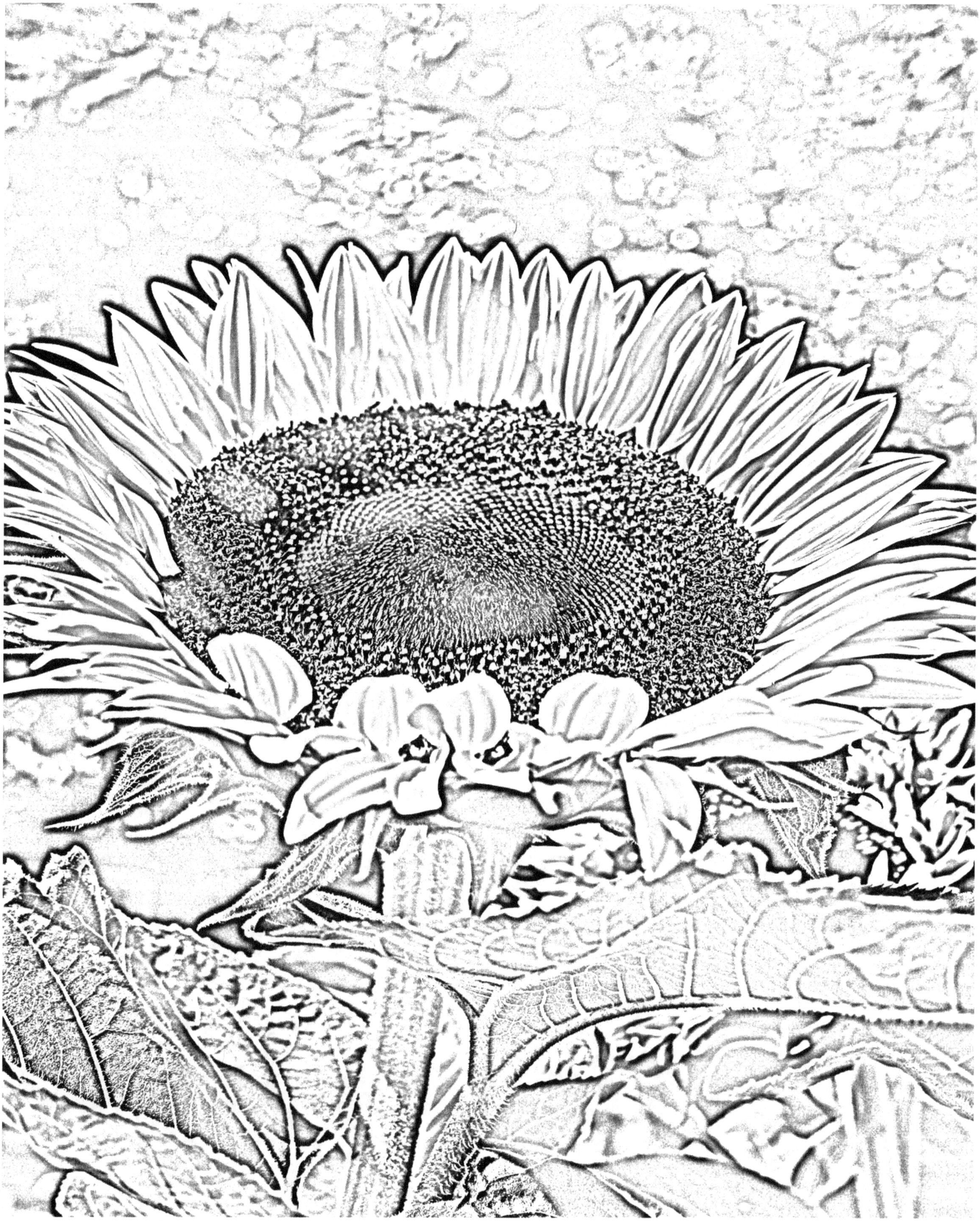

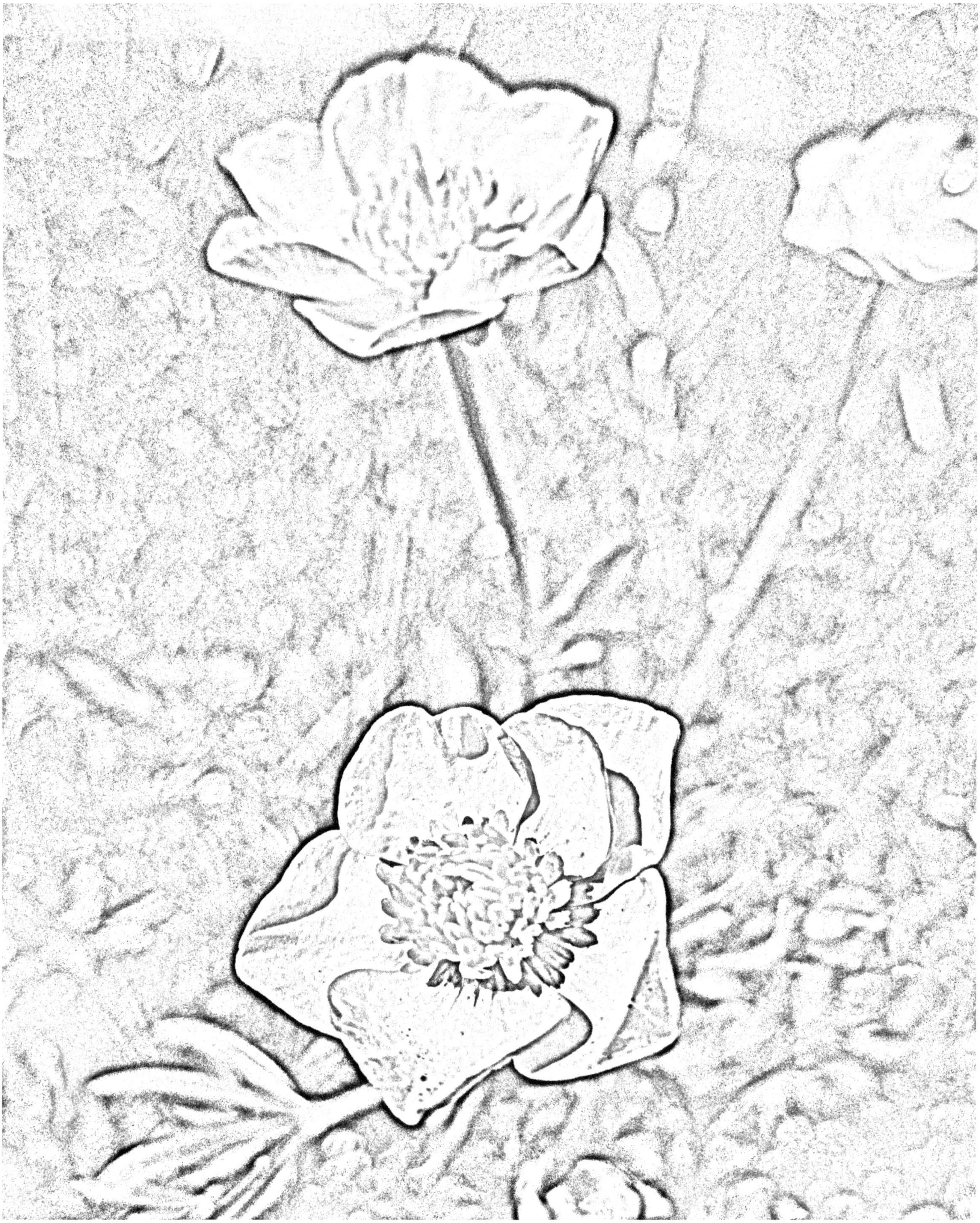

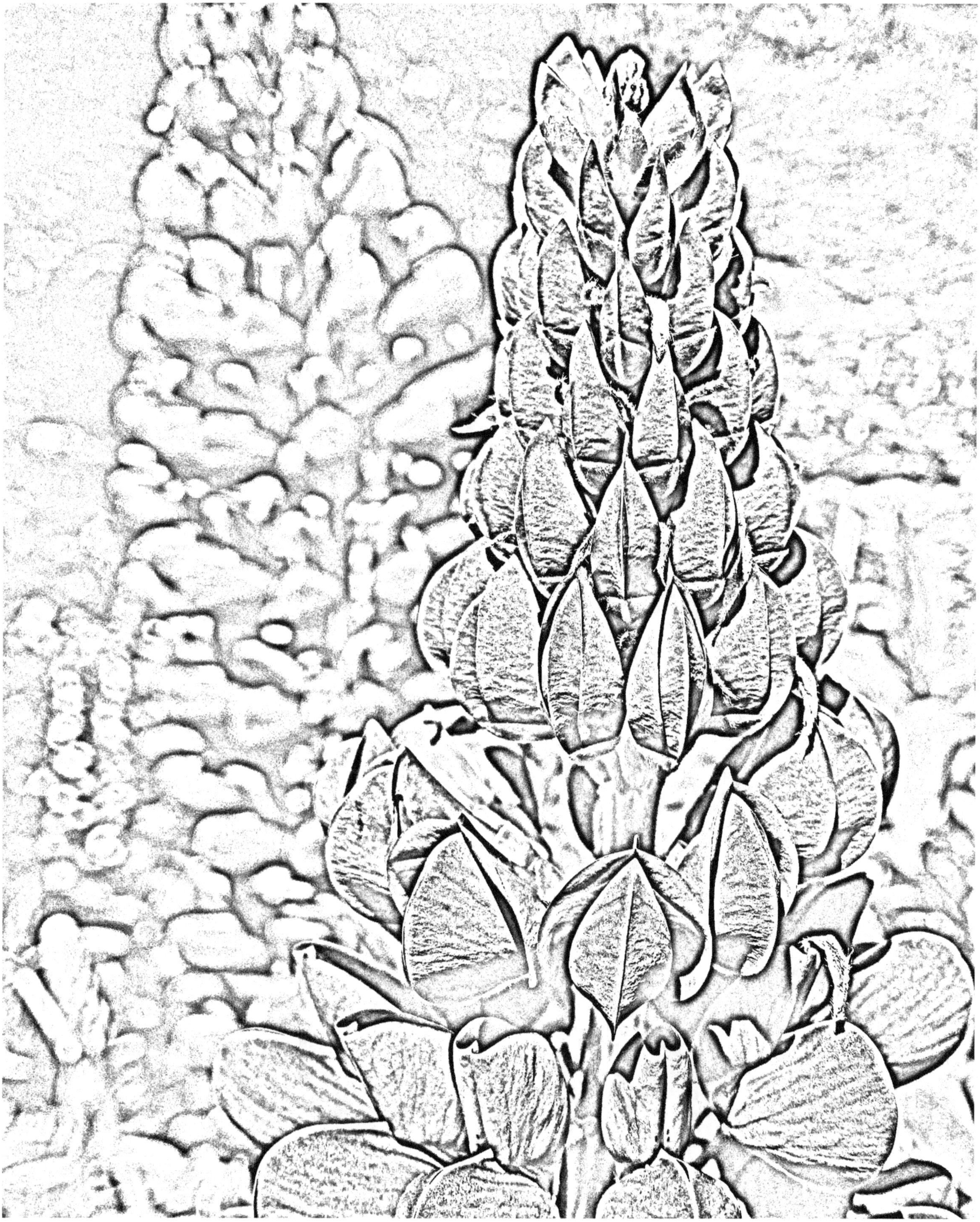

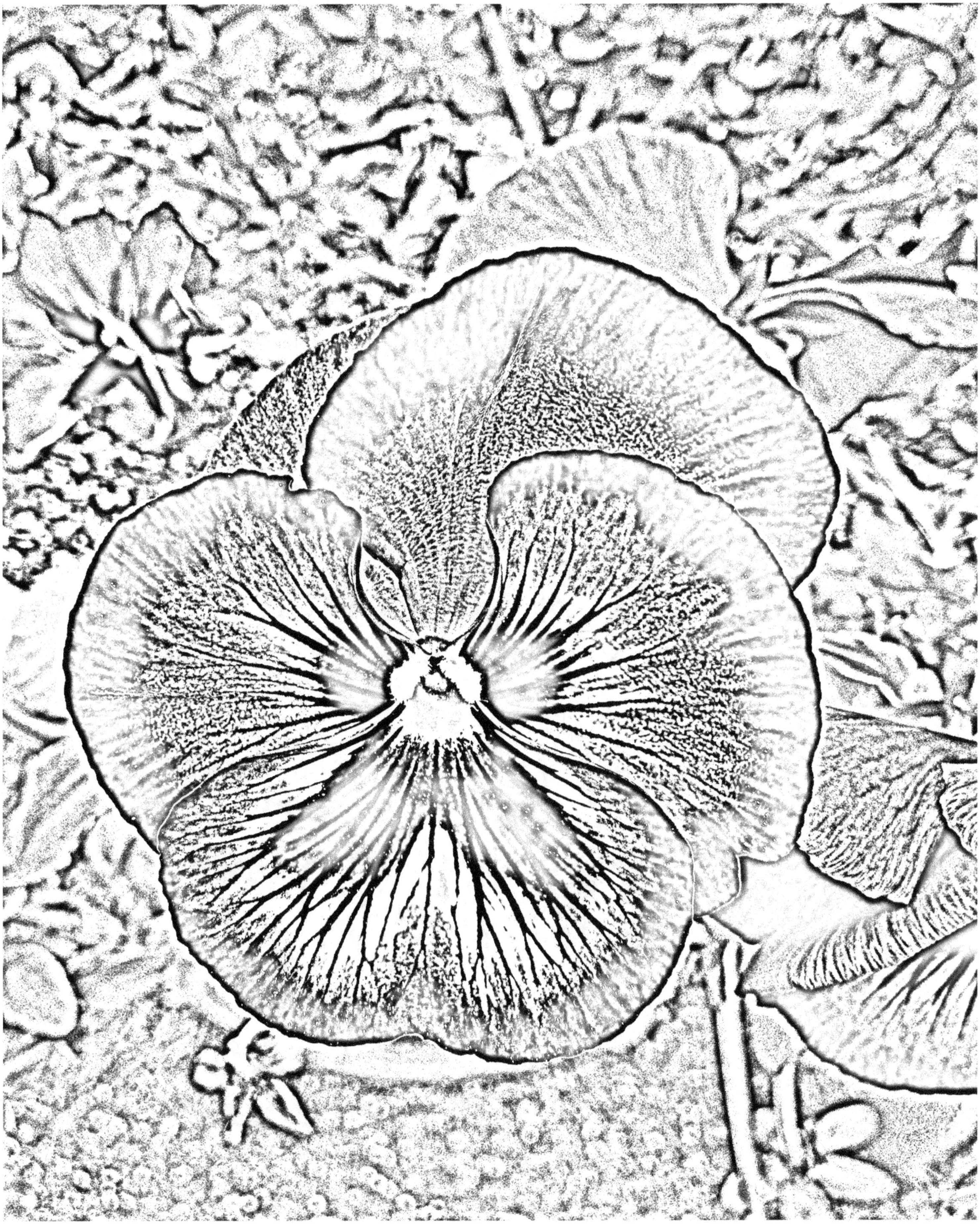

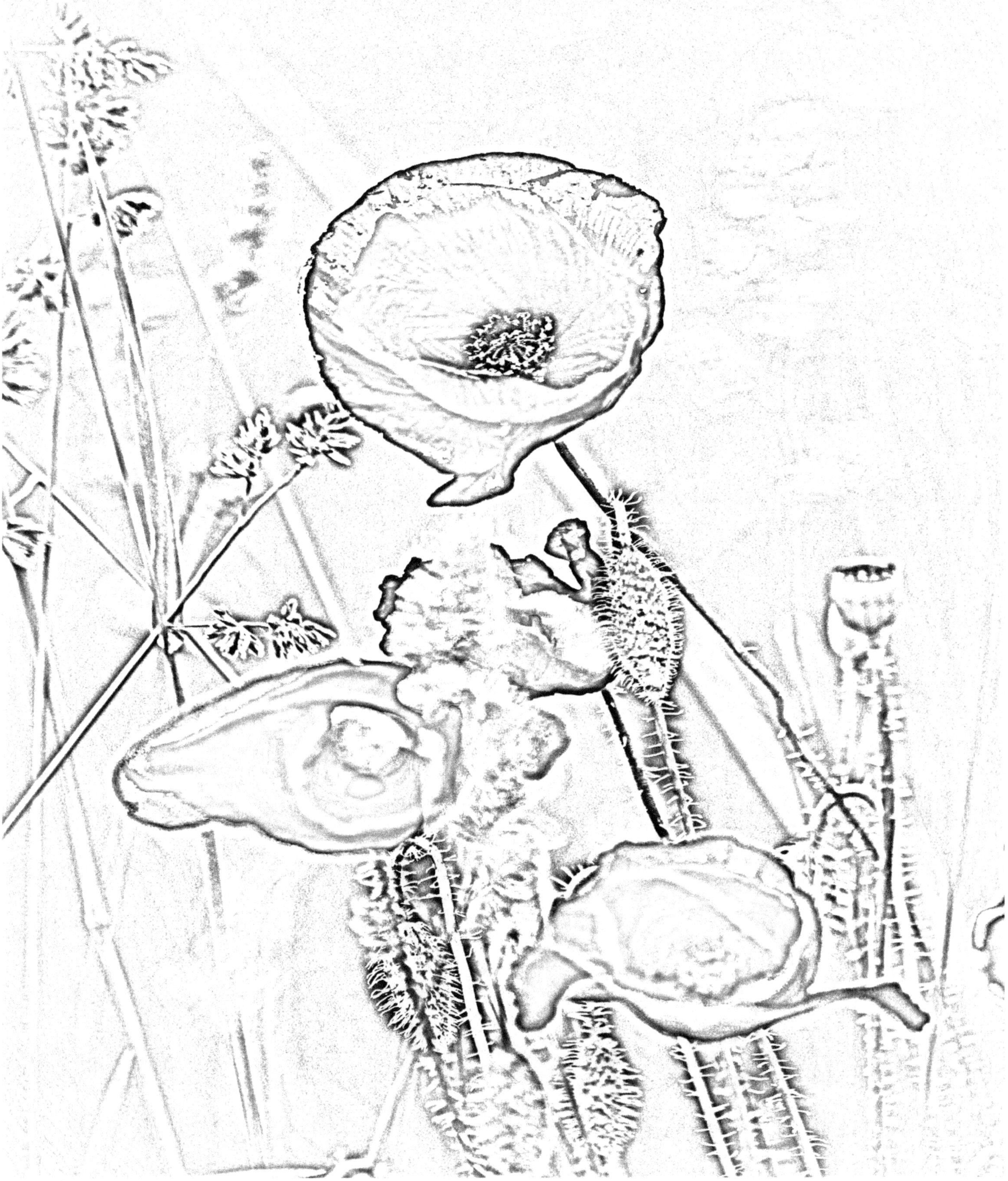

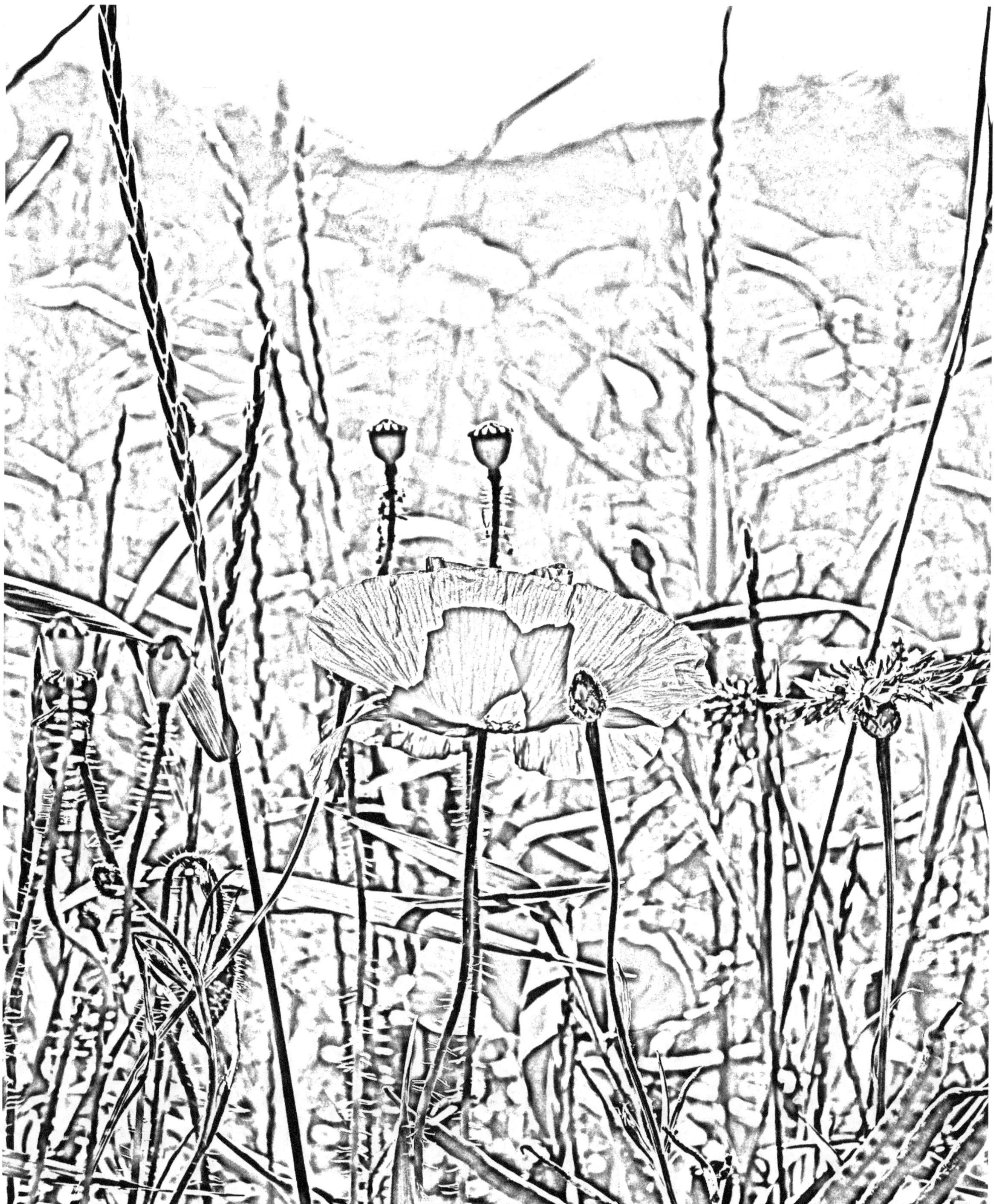

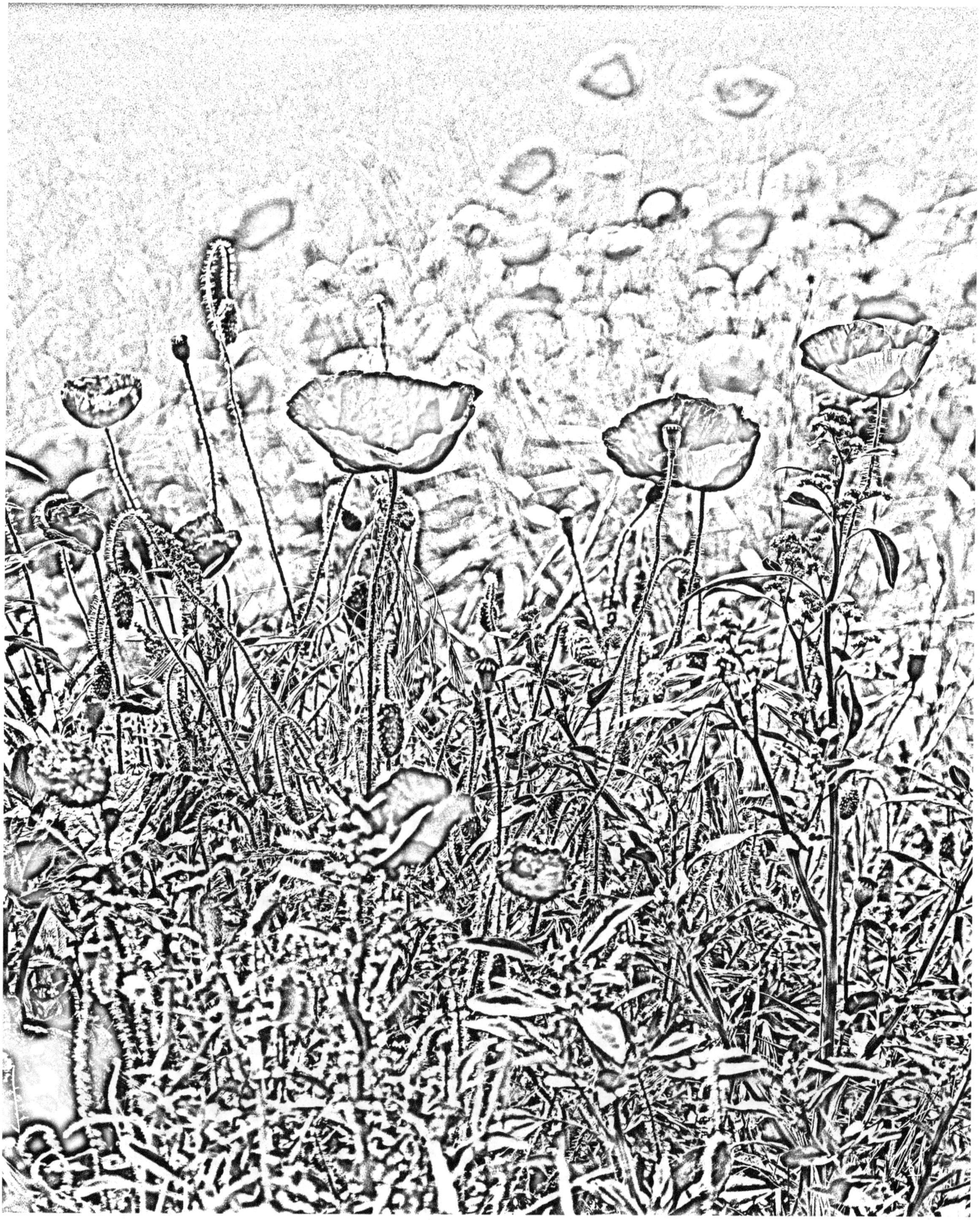

www.ingramcontent.com/pod-product-compliance
Lightning Source LLC
Chambersburg PA
CBHW051949280526
45789CB00009B/3221
* 9 7 8 1 5 3 9 5 4 4 0 1 2 *